朝日新書
Asahi Shinsho 975

死の瞬間

人はなぜ好奇心を抱くのか

春日武彦

朝日新聞出版

帯イラストレーション／ヒグチユウコ
ブックデザイン／柳沼博雅（GOAT）

はじめに

死は月並みな出来事だ。誰もがそれを（必ず）体験する。ひとつの家族、ひとつの町、ひとつの都道府県や州、ひとつの国、地球全体――そこには居合わせた人たちと同じ数だけの死が存在する。もちろん人間以外の生き物も死ぬし、わたしたちを構成する細胞の一部も毎日次々に死を迎えている。この世の中は死に満ちあふれている。

それほどにありふれた事象なのだから、ヒトは死に対してもっと鈍感であったり淡々としていても良いのではないか。だがわたしたちは、少なくとも近親者や親しみを抱いていた人物の死に動揺する。悲しんだり、悔しがったり、とてつもない寂しさを覚える。さながらアレルギー反応のように、心に毎回、新たに激しい苦痛が生じる。

死は当人にとって生涯最大の事件である。人生は強制終了させられ、残された人たちは呆然とする。死後にどうなるのかは、誰にも分からない。無とか空虚、永劫《えいごう》といったイメージが生々しく立ち上がり、わたしたちは困惑する。抽象的なイメージのみならず、地獄絵図とかヒトダマ、成仏できなかった魂、亡霊といったダークで卑俗なビジュアルすらが思い浮かんだりもする。永遠の安息であるとか天国といった好ましい想像もあるかもしれないけれど、そんなものに迎え入れられる保証などどこにもない。

無頓着に、記号のように死は訪れる。いや、襲ってくるというべきか。そしてわたしたちは親しみのある世界から連れ去られ、もはや戻ってくることは叶《かな》わない。成し遂げたことによって多少の痕跡《こんせき》は現世に残せても、遅かれ早かれそれらは時間の流れに呑み込まれる。思い出や記憶も消滅する。地球そのものすら、いずれは星としての死を迎える。

ならば日々の努力や我慢など放棄して、その場凌《しの》ぎの無気力で無責任、出鱈目《でたらめ》で虚無的な（あるいは享楽的な）生活を送るのが賢いのだろうか。おそらくそんな態度は、大多数の人たちはたとえ試みても持続はできない。むしろ充実感や達成感、あるいは他者からの親しみを込めた承認こそを求めるだろう。平凡な日々を黙々と重ね、退屈な日常にささやかな喜びを見つけ出そうとするだろう。そのような（見ようによってはショボい）ありようをわたしは人間における善なるものと考えるが、それを嘲笑するかのように死は立ち現れる。だから死は、漠然とながらも邪悪なものの領域に属しているような気にさせられる。

死を忌まわしいものと感じているにもかかわらず、わたしたちは死に関心を向ける。好奇心をかき立てられ、目を逸《そ》らせられない。無視しようとしても、あまりにも「どぎつい」がために、居直るかのように興味を寄せてしまうのだろうか。死には究極といったニュアンスが伴うために、気にせずにはいられなくなってしまうのだろうか。

いずれにせよ必要以上に死へ関心を向けるのは悪趣味だろう。それはポルノグラフィーを見たがるのと同じくらいに悪趣味であり、いかがわしい振る舞いだろう。でも、そうと知りつつ死はどこか気になる案件だ。そしてそのような心の動きは、無神経か否かはともかく、それなりに自然なものであろう。

本書でわたしは、ヒトが「死」に好奇心を寄せるその有りようを図鑑のように挙げ、論じてみたい。そのようなことをする背景には、死には三つの大きな要素が絡んでいると思っているからである。経験的にそう思うわけだが、その三つをここに列記してみたい。

死は厚かましく無神経で、しかも露出狂のように人々をうろたえさせる。その生々しさは、まさに日常に潜むグロテスクとでも呼ぶべきだろう。

多かれ少なかれ人の心をざわつかせるという意味で、死はすべての人間へ等しく向けられた呪詛《じゅそ》である。

「永遠」や「死後の世界」へ、その気になりさえすれば直ちにアクセス可能という妙な呆《あっ》気《け》なさとリアリティーには、根源的な不快感がある。

〈グロテスク〉〈呪詛〉〈根源的な不快感〉――これら三つに突き動かされて、わたしたちはなぜか死をジョークのネタのように扱ってみたり、不謹慎な行いをしたり、まるで珍奇な動物でも眺めるような態度を取ったり、過剰に騒いだりしてしまいかねない。浮き足立ってしまうのだ。

が、死の迫真性に浮き足立ち、挙げ句の果てに歪《いびつ》な好奇心を寄せずにはいられないその姿に顔をしかめたり逆に共感することを通じて、わたしたちの複雑な内面は徐々に炙《あぶ》り出されてくるだろう。それを知ることによっていつしか生じる苦笑いは、人間という存在に、一抹の肯定的な感情すら与えてくれる（ような気がする）。

といった次第で、六章に及ぶ猥雑《わいざつ》な論考にこれからしばらくお付き合いを願いたい。

死の瞬間　人はなぜ好奇心を抱くのか

目次

第3章 見知らぬ世界 99

第4章　取り返しがつかない

第5章　死体の件

第1章

死ぬ瞬間

それは密やかに訪れる

生と死との間には、「死ぬ瞬間」というものが存在する。その瞬間を拒むことは誰にもできない。だからこそいずれどこかの時点で、生温かいわたしたちは冷たく硬直した死体へと姿を変えることになる。そこを越えてしまえばもはや生者の世界へと引き返せなくなってしまう——そんな決定的な（あるいは絶望的な）瞬間があるに違いないのだ。

もちろん実際には曖昧なケースもあるわけで、もしも医療機器やチューブをすべて外したらたちまち心肺停止してしまい、しかも意識の回復する望みがなかったらこれはもはや事実上「死んでいる」の領域に突入しているのではないか。だが少なくとも一部の家族にとっては、きっとまだ当人は「生きている」ように感じられるだろう。

腐敗の始まらないうちに冷凍保存された死者は、いずれ科学技術が進んだら解凍されて生き返ることを（本人ないしは家族が）期待しているわけだが（人体冷凍保存cryonicsと呼ばれるもので、法的な死亡宣告がなされた後に冷凍処置を始める。必ずしも全身を冷凍保存するわけではなく、頭部のみを保存するといった大胆なやり方もあるらしい。アメリカのアルコー延命財団、ロシアのKrioRus社などが実際に請け負っているが、アルコーはカルト教団と関係していると取り沙汰されている）、そのような文脈においては、然《しか》るべく冷凍処置をされれば遺体は生死の判断保留案件へと差し戻されるということになるのか。議論の余地は多く残されている。だがそれでもなお、どこかに「死ぬ瞬間」はまぎれもなく存在するだろう。

死ぬ瞬間に関してわたしたちが抱いているイメージは、映画やドラマに負っている部分が大きいのではないだろうか。

現代を生きるわたしたちは、視覚メディアによって死ぬ場面を予習しているわけだ。先日、映画『恐怖の報酬』を観た。一九五三年の作品で（以後、リメイクが二度行われている）、アンリ＝ジョルジュ・クルーゾー監督、モノクロ映像のサスペンス映画である。テレビの日曜洋画劇場で観て以来、半世紀以上を経ての再見であった。最後のシーン（バッド・エンド！）のショックはまさにトラウマ映画として明瞭に記憶していたが、あらためて観てまたしても打ちのめされた。その点はさて置き、映画の終盤で主人公の相棒が死ぬ場面が描かれる。場所は南米の密林だ。ニトログリセリンを満載したトラックにじわじわと轢《ひ》かれて足を無残に潰され、それが原因で衰弱した挙げ句、目的地の寸前で亡くなってしまう。

シャルル・ヴァネルが演じるところの「瀕死の相棒」ジョーは、自動車の助手席でマリオ（イヴ・モンタン）を相手に懐かしいパリの町並みについて語っている。すっかり体力が失われ、息を継ぐのも苦しげで、だから喋るのは大儀だが、まるで死ぬのが怖いから喋り続けているようでもある。

ギャランド通りは角に煙草屋があり、その隣は雑貨屋だが、昔は塀に囲まれていた。塀の中には何があっただろう。遠のきつつある意識の中で、記憶を探っていく。「塀の中には何があったっけ――。ああ、空き地か」

『恐怖の報酬』（1953年、アンリ＝ジョルジュ・クルーゾー監督）ⒸKeystone-France／getty images

そこが何もない空き地であったと呟いたのを最後に、欠伸をするかのようにだらしなく口を開け、その口が半開きのままジョーは息を引き取ったのだった。異様な沈黙に支配され、目を閉じた彼から全身の力が一気に抜けていく。観客としては、まさに今、ジョーが死ぬ瞬間を迎えたことを視覚的に了解する。

映像における死の瞬間（誰か見守る人物がいる前で、心に残る言葉を絞り出すように呟いて命が尽きる光景）は、おおむね前述したシーンのバリエーションである気がする。もちろんクルーゾー監督以前にも似たようなシーンは繰り返し描かれてきたに違いなく、また現実に同じような光景はいくらでもあっただろう。そして分かりやすく説得力のある臨終場面のひとつとして、ジョーの死みたいなものをわたしたちが反射的に想起しがちなのは確かなようだ。

爆発で身体が四散したり、全身に銃弾を浴びたり、1000℃の熱い溶岩に呑み込まれたりすれば、その瞬間と死はほぼ同期しているだろう。けれども昨今においては、やはり病院のベッドで「ゆっくり」と亡くなっていくケースが多いように思われる。その際の「死の瞬間」はどのようなものか。

常に見逃される

作家の丹羽文雄《にわふみお》（一九〇四〜二〇〇五）は、実母とのわだかまりをさまざまな作品で書き綴《つづ》っているが、彼女の死の瞬間をここに書き写してみたい。短篇「もとの顔」（一九五七、『鮎・母の日・妻　丹羽文雄短篇集』所収、講談社文芸文庫二〇〇六）からの引用である。なお紋多とは、小説内における丹羽の名字に相当する。

それから一時間ほど経って、看護婦が、

「結滞が生じています」

と、病人の手を放した。

「ひどく呼吸が不揃になった」

「息が永くなったようだ」

「おばあさん」

しかし、聞えるはずはなかった。病室の人々は、ただ見守っているだけである。露骨に呼吸が、不揃になった。ふと、息をやめている瞬間があった。すぐまた息をした。何かが生じる。何か思いがけない変化が生じるはずだと紋多は見守った。女中が、ガーゼで母の口を拭った。白いあぶくのようなものを、はいた。呼吸と呼吸の間が、次第に永くなった。その間に、母の口から液体が流れた。紋多は、拭いとった。

「あっ、息がとまった」

しかし、やがてまた息をした。

「また、とまった？」

そんなことを三、四回くりかえした。母の喉が、くくっと鳴った。それは、声のようではなかった。

「息がとまったらしい」

紋多は、また息をするのを見守っていた。が母の胸は静かになったきりである。看護婦が立上ると頭を下げた。ひとりでに動いていた車が、自然にとまったように、母は二度と息をしなかった。

死に際して何かそれを明瞭に示すような変化が生ずるだろうと予想していたら、ドラマチックな出来事などはなかった。むしろフェードアウトといった感じで母はひっそりと亡くなってしまった。

……紋多には、臨終のあまりのおだやかさが、信じられなかった。死という観念にふさわしくない平穏な到来であった。呼吸が段々とまばらになり、間隔が永くなり、そしてある瞬間にまったく胸が動かなくなった。ただそれだけのことであった。

医師としてわたしが病院で立ち会ってきた死も、おおむねこの描写に近い。そして「死ぬ瞬間」について言及するなら、思い出したように不規則な呼吸が繰り返され、次の呼吸が来るかと思ったら結局それは来なかった――そんな形で生命の終わりが確認される。心電図がフラットになったら死んだ証拠と思うかもしれないが、誰かが患者に軽く触れただけでも不規則な波形が出現したりするのでテレビドラマのように簡単にはいかない。すなわち、本当の「死ぬ瞬間」にわたしたちは気が付かない。ワンテンポ遅れて、初めて「もう死んでしまっている」と悟る。死ぬ瞬間は、常に見逃されてしまうのである。目を凝らして見詰めていても、「あ、いま死んだ」と認識することはできない。そういった意味で、実は死ぬ瞬間というものは決して見届けることが叶《かな》わない。そのたびに、わたしは死がするりと巧みに眼前を走り抜けていったような鼻白んだ気分に陥る。

自由律俳句で有名な俳人、尾崎放哉《おざきほうさい》（一八八五〜一九二六）は、小豆島《しょうどしま》の西光寺《さいこうじ》奥院の小さな庵（南郷庵）で、家族もなく極貧のうちに結核で死去した。見届けたのは唯《ただ》一人、親切心で面倒を見てくれていた漁師の女房、シゲ婆さんであった。その時の様子を吉屋信子《よしやのぶこ》（一八九六〜一九七三）は『底のぬけた柄杓《ひしゃく》　憂愁の俳人たち』（新潮社一九六四）で描写している。

島は四月の春となったが、もう彼は腰が立たなかった。四月六日の夕方、シゲ婆さんが見舞うと「ばあさんちょっと起してくれ」と病人は頼んだ。シゲ女が半身を抱き起すと苦しがり、また「横にしてくれ」と言い、寝せるとまた「起してくれ」と、同じ動作を繰り返してシゲ女の手をわずらわした。シゲ女はその様子がへんなので親切にその晩は付き添っていた。

彼の視力はその翌朝薄らいでものの見きわめがつかなかった。そしてこんこんと眠るように眼を閉じていた——朝の陽《ひ》も日暮れのうす暗がりも彼にはわからないのか、その日の黄昏《たそがれ》、庵の病床のあたりに夕闇がせまる頃ふと声をシゲ女にかけた。

「ばあさん、いま何時頃かな?」

刻《とき》を教えたくとも、病人の持物に時計はない生活だった。漁夫の老妻は腕時計などしていない。

ただ「もう電燈がつく」と答えるより仕方がなかった。そして彼の背をさすってやった。

俺のなかのたった一つの裸電球に、シゲ女のカンで言った通りポッと灯が入って熟《う》れた無花果《いちじく》の実のように赤らんだのだった。

「センセイ」とシゲ女は呼んだ。俺でいつも、ものを書いている学のある人はセンセイだった。

「センセイ」彼女は昨日病人がよく望んだように半身をまた起してやろうかと手をかけた時、はっとした。

彼女は飛び出して俺の前から亭主を烈しく呼んだ。海からすでにあがっていた老漁夫は駆けつけて、女房と共に「センセイ、センセイ」と大声で呼んだ。だが何も反応はなかった……。


ここでも「死ぬ瞬間」は、忍び寄るかのように秘かに訪れていたのだった。その瞬間を、シゲ婆さんも正確に見届けることなどできなかった。

YouTubeで検索すると、死ぬ瞬間を撮影した動画がいくつも出てくる。さすがに人間を対象にしたものはなく、犬か猫、小鳥である。飼っていたペットが死にかけているということで録画をしたようだが、これはどのような心理なのだろう。動画を拡散することで多くの視聴者に悲しみを共感してもらいたいのか。たんに題材として注目を集めそうだといった目論見ゆえか。生前の姿を動画に封じ込めてアップすることを、ある種の供養に準ずる行為と捉えているのか。わざわざ悲しげな音楽をバックに流している動画も多く、その小細工ぶりは少々癇《かん》に障る。

ペットたちの死の瞬間も、おおむね丹羽文雄の母が息を引き取るときと大差はない。視聴していても、「あれ、もう死んじゃったわけ?」と虚を衝《つ》かれた気分になる。我が家の猫が膝の上で亡くなったときも大同小異であった。

ちなみにわたしの母の場合は、臨終ということで病院から連絡があって出掛けたら、意識が薄れていた筈《はず》なのに急に目を開けて当方を確認した。何か言うかと思ったら、喋るだけの体力はなかった(もし何かウエットな言葉を母が口にしたら、担当医やナースも横にいたので、むしろ彼らに対して気恥ずかしい思いをしてしまいそうな気がして、少なくともその時は何も言わないでくれて安心した。今になってみると、どうして人目なんか気にしたのだろうと自己嫌悪に陥る)。明日まで生命は持ちそうということになっていったん自宅へ戻ったら、戻った途端に「今、亡くなりました」と電話が入った。最後までフェイントを掛けてくるなあ、と苦笑いをせずにはいられなかった。父の場合も死の瞬間には立ち会えなかった。

ただし、いかにもといった死に際も当然ある。

野坂昭如《のさかあきゆき》（一九三〇～二〇一五）には『死小説』（中央公論社一九七九）と題して纏《まと》められた連作短篇集があり、帯には「異色の私小説」「死について想像をめぐらし、死と向いあい、死のあらゆる側面を細微に描く時、〈死〉はいつしか〈私〉の内部世界に変容する」などと書かれている。そこに収録された一篇「果ての姿」には、作家・藤枝静男《ふじえだしずお》の仲介により、名古屋在住の医師・毛利《もうり》孝一《こういち》が発表した文章が引用されている。その一部を、あえてここに紹介してみたい。

患者はウーンとうめき声をあげ、呼吸をとめ、顔の色が見る見る赤紫色になり、眼をむき眼球をつり上げて、口から泡をふいて、両腕両脚に痙攣《けいれん》がおこりました。脈は全くふれず、心音も止まってしまいました。

「来た！　心室細動だ！」と直感しました。

私はすぐ心臓マッサージをやろうと思いました。（中略）

二、三分続けたでしょうか、あるいはもっと長かったかも知れません。それとも実際にはもっと短い時間だったかも知れません。患者は突然呼吸をはじめました。脈が触れはじめました。そしてポカッと眼つきがもとに戻ったと思ったら次の瞬間、その眼のなかに、暗い深淵の底から明るい玉か何かがフワリと水面にうかびあがってでも来たように、生命の気が宿った、あるいは生命の灯がともったといってもいい、そんな感じがいたしました。患者は二つ三つ、ゆっくりまばたきをしました。そしてちょっとあたりを見るかのように眼球を動かして、ポツリとつぶやきました。

「ここどこ?」

その様子は、まったく忽然《こつぜん》と死からよみがえったと申しますか、あるいは地獄か極楽か知りませんがともかくその入口まで行ってひき返してきた、といった感じの劇的な情景でありました。

心臓マッサージを受けなかったら、その患者はそのまま死の瞬間の向こうに行ってしまったのだろう。毛利医師は別なケースも記述しており(こちらも心臓マッサージで一命を取り留めた)、そこでは「……Eさんの顔が見る見る赤黒くなり、つづいて紫色になりました。唇がピクピクゆがんで、眼球がつり上ったと思うと、手足が大きく痙攣しました。日ごろの仏像のような温顔も一瞬おそろしい形相に変りました」と記述されている。どちらもドラマチックではある。

眠りと死

新聞の死亡欄には、なぜか目を通さずにはいられない。癖なのか強迫的な行為なのか、それともマジナイに近いのか。最近では「あ、この人もうとっくに亡くなっていたかと思っていたのに……」と驚くことが多い。わたしに影響を与えたり、興味の対象になっていた人たちは、年齢が高くなって生死が曖昧なケースが多い。死亡記事を見落とすと死者がいつまでも生きていることになってしまうし、消息を聞かないのでいつしか死んだと思い違いをしていたり、何だか幽霊がたくさんいるような気分にさせられる。

死因では「老衰」と記されている場合が目立つ。あの鼻息の荒かった人が老衰ねえ、と感慨深くなったりする。これも死亡欄を読む楽しみのひとつではある。

老衰という死因は、相応の高齢となり、しかも死の原因が明確でない場合に用いられる。老いの果ての自然死というわけで、理想的な死に方かもしれない。ドラマチックでないところが、かえってエレガントだ。一日の大部分はとろとろと眠っているようになり、食も細くなり、言葉もあまり発しなくなり、やがて眠っているかと思ったらいつの間にか亡くなっていた、といったイメージであろうか。

高校生の頃、睡眠中の突然死というものが恐ろしくて仕方がなかったことがあった。眠っているあいだに「死ぬ瞬間」を体験するわけで、もしも夢を見ている最中に死が訪れたならば、それは夢の論理に彩られてとんでもなく恐ろしい出来事と化してしまうのではないかと考えたからであった。それこそホラー小説の登場人物みたいな目に遭い、しかも死ぬほど怖い経験が実際に死へと結実してしまう。これは最悪の死に方かもしれないではないか。

そんなことを心配したのは、当時、昼も夜もなぜか眠くて仕方がなかったからだ。今では睡眠導入剤を飲んでベッドに入ったりすることもあるのに、あの頃は暇さえあれば眠っていた。いくらでも眠れ、なおかつ寝足りなかった。母親から何気ない調子で「ちっとも起きてこないので、死んだんじゃないかと思ったわ」と言われたのが、妙にリアルに聞こえ、それ以来、睡眠中の突然死が怖くなった。もちろんそこには思春期特有の思い詰めがちな心性が関わっていたのであろうが。

ちょうどそうした時期に、とんでもない漫画と出会ってしまった。

楠勝平《くすのきしょうへい》（一九四四〜一九七四）という漫画家がいて、貸本漫画を描いたり白土三平のアシスタントを務めたりしつつ、純文学に近い感触の丁寧な短篇作品を散発的に発表していた。メジャーな雑誌ではなく、『ガロ』とか『COM』といったマニアや漫画家志望の青年が読むような雑誌に掲載されていた。病気で夭折《ようせつ》したが現在でも根強い支持者がいて、最近では数年前に選集がちくま文庫から出ている。

過去に出たいずれの選集にも収録されていないようなのだが、『COM』の一九六九年八月号に「よるが恐い」という作品が発表された。

一人の老婦人（名前は出てこない。高校生の息子と夫との三人家族で、そうなると年齢は四十代半ばあたりだろうか。普段から着物を着ていて、家事のときは割烹着《かっぽうぎ》である。絵を見る限りでは皺《しわ》も多くいかにもお婆さんだが、当時に鑑みればそんなものだったのかもしれない）が主人公だ。それなりに堅実な主婦として暮らしを営んでいる。

だが彼女はやたらとリアルな夢を見る性癖がある。その夢を、まるで現実のように他人へ語るので、そこがいささか奇妙に映る。

さしたる屈託もないような生活ぶりだが、実際には深い孤独感や、家族に見捨てられるのではないかといった不安を胸に秘めている。そのあたりのさりげない描写がデリケートで素晴らしい。やがて彼女は不安を募らせ、いささか妄想的になっていく。それでも日常が大きく崩れることはない。何とか平静に踏みとどまっている。でもそのいっぽう、夢の中では危機感が高まっていく。高まりつつ日々が過ぎ去っていく。夫は髪が薄くなり定年を迎え、息子は学校を卒業して初々しいサラリーマンになる。

危機感は、とうとう具体的な結果をもたらした。彼女は過去の断片に追い詰められた挙げ句、就寝中に夢の中で高い崖から落ちて死んでしまうのである。恐怖の叫び声を上げながらの墜落である。そしてその死は現実においても彼女の死と重なっていた。すなわち現象としては睡眠中の突然死であり、死の瞬間そのものと見做《みな》せよう。

作品のラストシーンは朝の屋内である。なかなか彼女が起きてこないので、ネクタイを結びながら息子が母親に声を掛けている。「かあさん／何時／だと思って／いるん／だよ」。夫も「よく／眠るよ」と呆れている。おそらく次の場面では、右に述べたような脳内体験を経て彼女が死んでいるのが発見される筈だが、そこは省かれている。代わりに、こんな文章が添えられている。〈老いたる者は／みな／夢によって／殺されると／いう………〉

これにはぞっとさせられた。さながら呪詛《じゅそ》の文言ではないか。いずれお前の両親も、それどころかお前自身もこのような体験をしなければならないのだよと告げられている気分になった。果たしてそうなのか。自分で確かめてみるしか検証の方法はない。

五年程前に、「みずうみ」という短篇小説を読んだ（『銀の仮面』所収、倉阪鬼一郎《くらさかきいちろう》訳、創元推理文庫二〇一九）。原題はThe Tarnで、tarnとは山の中にある小さな湖を指す。どこか清冽《せいれつ》で心が洗われそうなタイトルではないか。

だが作者は英国人のヒュー・ウォルポール（一八八四～一九四一）、ものすごく後味の悪い短篇「銀の仮面」で有名な作家である。清々《すがすが》しい作品の筈がない。案の定、「みずうみ」は若い頃のわたしを悩ませた睡眠中の突然死への恐怖をありありと思い出させた（以下に内容紹介をするが、ネタバレありなので留意されたい）。

主人公はフェニック、湖水地方にひっそりと住んでいる陰気な独身男だ。年齢は四十代か。彼のコテージの窓からは、アルズウォーター湖が見える。家政婦代わりの老婆はいるが、親しい友人は、同じく作家のフォスターしかおらず孤独な日々を送っている。金銭的にも余裕はない。心は鬱屈していた。

フェニックがまだ作家志望であった頃、デビュー作を世に問う前に、彼には一つのチャンスが訪れていた。著名な書評紙の編集助手というポストであった。この職に就ければ、いろいろとコネができる。それは文壇への近道であった。もう少しで、フェニックはそのポストへ就けそうだった。

ところが、鳶《とんび》が油揚げを攫《さら》うように、フォスターがそのポストに就いてしまった。フォスターは外交的で親しみやすく、一目で相手に好感を与えるタイプの人物であった（そして彼も作家志望だった。すなわちライバルである）。フォスターはフェニックを蹴落とすような工作などしなかったし、そんな卑劣な男ではなかった。いわば彼自身の好感度ゆえに編集助手に迎え入れられただけであった。だがフェニックとしては彼を腹立たしい存在と認識せずにはいられなかった。

やがてフェニックは渾身《こんしん》の長編小説（デビュー作）を発表する。が、偶然にも同時期に、フォスターもまたデビュー作を発表した。フェニックからすれば感傷的な駄作に過ぎない。しかし既に文壇との交流を確立していたフォスターの作品は、その後押しもあって世間に温かく受け入れられ出世作となった。その煽《あお》りでフェニックの本は黙殺され、陽の当たる場所へ出る機会も失った。少なくともそのようにフェニックは理解していた。しかも以後もフェニックにとってさまざまなチャンスが訪れるたび、ことごとくフォスターに邪魔されて可能性は潰えた。フォスターはますます文名を高め、フェニックはいよいよ文壇から遠ざかっていった。

フォスターには悪意などなかった。いや、フェニックが彼を恨み憎んでいることすら気付いていなかった。それは鈍感というよりはお人好しだったからだろう。育ちが良かったからだろう。そこがなおさらフェニックの憎しみを増大させる。そして彼の憎しみは、悪運と被害妄想めいた感情の産物に他ならなかった。

結果的に、フェニックは作家としての夢を果たせないままロンドンを離れ、湖水地方に逼塞《ひっそく》する羽目に陥った。そんな彼のコテージに、いきなりフォスターが訪ねてきたのだ。しかも朗らかな表情で。知人が、フェニックはフォスターに対して「わだかまり」を持っているかもしれないと仄《ほの》めかしたのでそれを気にして確かめに来たのである。フォスターは「わだかまり」を持たれる理由など思いつかない。だからこそ逆にフェニックを心配し、励ましたりもするのである。「その点、君は違う。世間が思ってる以上の才能を持ってる。そうなんだ、君にはまぎれもない才能があるんだよ。ただ……気を悪くしてもらっちゃ困るんだけど、その本来の才能を充分使ってるとは言えないんじゃないか？　こんな山に囲まれたとこに引きこもってたら――いつだってじめじめ雨が降ってる――時代遅れになっちまうぞ。君は人に会わないから、いまの話題がわからなくてついていけないんだ」などと親切そうに（本当に親切なのである）言われたら、フェニックはなおさら陰性感情をこじらせてしまうではないか。

とりあえず「わだかまり」などないと安心させてから、フェニックはフォスターを散歩に連れ出す。深く静かな湖tarnへと誘った。周りに人影などない。油断しているフォスターを、フェニックは力任せに湖へ突き落とした。そのまま溺死させたのである。フォスターは呆気《あっけ》なく湖に沈んでしまった。当然の報いだ、そんな気分でフェニックは引き返す。やっと復讐を遂げたのだ。

最初は満足感があった。目の上の瘤《こぶ》を取り去ったのだから。にもかかわらず、辺りの気温が下がってくるにつれ、なぜか孤独感や不安感が膨れ上がってきた。罪悪感に似たものさえ、フェニックの胸の内に生じてきた。それを否定しつつ、逃げるようにコテージに帰った。ダイニング・ルームで食卓に着くものの、まったく食欲は湧かない。早めにベッドへ入った。

夜中にふと目を覚ましたフェニックは、窓の外に異変が生じているのを知った。湧き上がるかのように、窓の外一面に水が押し寄せつつあるのだ。「銀色の水面が上がっては下がる。それにつれて、窓枠を洗う水が満ちては退《ひ》く」。やがて水は、寝室へ侵入してくる。音もなく、水が室内を満たしていく。逃げようとベッドから降りたフェニックは、水の冷たさに仰天する。と、「不意に何かが背中を押した」せいで、彼は水に倒れ込む。水位は上昇していく。しかも「何かが足首をつかんでいた」。その「何か」を確認できないまま、フェニックは水に呑み込まれてしまう。

そして翌朝。通いのメイドがフェニックの骸《むくろ》を発見する。叫び声を上げ、庭師を呼んで来る。

いっぱいに開いた目が飛び出していた。食いしばった歯のあいだから舌が突き出している。庭師とメイドは、そんな屍体をベッドに横たえた。発作のようすがとなるものと言えば、倒れた水差しだけだった。カーペットに小さな水のしみが残されていた。

とても気持ちのいい朝だった。木蔦《きづた》の細い枝がそよ風に物憂げに揺れ、窓ガラスをそっと叩いていた。

フェニックはやはり罪悪感を覚えていたのだろう。罪の恐ろしさや自己嫌悪にも苛《さいな》まれ、そんな不安定な、しかも寝惚《ねぼ》けた精神状態の中で、倒れた水差しからこぼれた少量の水に足が触れた。そのとき、まさに夢の論理によって一瞬のうちに恐怖の物語が立ち上がり、彼は溺死した――いや、結果として睡眠中の突然死に至った。だが亡くなった彼の凄《すさ》まじい形相の理由は誰にも分からない。

ホラーとしての評価ならば、傑作というほどでもあるまい。でもなかなか巧みに書かれている。のみならず、睡眠中の突然死に怯《おび》えたことのある当方としては、胸をざわめかせずにはいられなかったのである。

死は好奇心を刺激する

死ぬ瞬間といったテーマに絡んで申せば、ヒトはそんな気などなくても、ついおかしな想像力を働かせてしまう。それは死の不可解さに対する探求心や恐れが紡ぎ出した珍妙な着想であり、馬鹿げてはいてもどこか切実な好奇心を刺激してくる。

たとえば――

霊魂の存在を信じている人にとって、死とは肉体から魂が抜けていく、離脱していくことに他ならないだろう。魂こそが生の本体であり、残された身体は肉や脂肪その他からなる物質に過ぎない、と。

マシュー・F・ジョーンズの『シングル・ショット』（大井良純《おおいよしずみ》訳、早川書房一九九九）という長篇小説がある。密猟で生計を立てていた孤独な男ジョン・ムーンが、森の中で、うっかり雄鹿と間違えて見知らぬ娘を射殺してしまう。しかも彼女は大金を近くの小屋に隠していた。ジョンは金を着服し、娘の死体を隠すもののおかしな人物が次々に現れて……といったオフビートな犯罪小説である。最後の段になって、腐りかけた娘の遺体を森の奥に深い穴を掘って埋葬しようとしていたジョンは、事故によって動けなくなってしまう。彼は穴の底に倒れている。そこへ登場したカップルが今度はジョンから金を奪い、腐爛《ふらん》死体の娘とともに瀕死のジョンをそのまま土の中へ埋めようとする。いや、本当に埋めてしまうのだ。それでお仕舞い。すなわち主人公であるジョン・ムーンの死の瞬間が描かれているのだ。

「土は土へ」男が声に抑揚をつけて言った。
「塵《ちり》は塵へ」女が言い添えた。

ひとすくいの泥が、ジョンの顔にかかった。ついで二度目の。そして三度目。土が無慈悲に頬をたたいた。視力が薄れてしまった。つまったのは喉と鼻孔だ。心が肉体を離れて、円を描いて飛ぶ鷹のように舞い上がっていった。ジョンは自分が時から解放されたのを悟った。（中略）来るべきものは気楽に考えていたが、死んだ娘の行く末だけが心配になった。ジョンは無言のうちに自信をもって死んだ娘に伝えた。彼女の魂はハワイのほうへ向かっており、抜け殻にすぎない肉体のみが、自分のそれ、撮られたポラロイド写真、それに手書きの手紙とともに安眠する、と。

何だかマジックリアリズムみたいな文章だが、それがアメリカ産の犯罪小説の一部なのでくらくらしてくる。だがいずれにせよ、死ぬと魂が肉体を離れていくといったイメージは確固たるものとして世間に流通している。

一九〇一年四月十日、米国マサチューセッツ州ハヴァーヒルにある小さな市営病院に勤務する医師、ダンカン・マクドゥーガル博士は人間の魂の重さを量る実験を行った。以下はイグ・ノーベル賞の受賞歴があるレン・フィッシャーの著書『魂の重さは何グラム？

科学を揺るがした7つの実験』（林一《はやしはじめ》訳、新潮文庫二〇〇九）を参考にして述べる。

マクドゥーガルは魂の存在を信じ込んでいたわけではない。むしろ懐疑的であったが、もしそれが存在するならば物質的な形態をもたなければならないことだけは確信していた。つまり魂が実在するなら、それは物質であるに違いなく、ならばそれなりの重さを持つ筈である、と。エネルギーとしての存在とか、量子力学的な解釈などはまだ想定し得なかった時代である。彼の仮説には妥当性があった。

実験の実際については、友人のリチャード・ホジソン博士に宛てた手紙に記されている。その一部を引用する。

さる（一九〇一年）四月十日に機会がやって来ました。フェアバンクス標準型台付き秤（引用者注・ばね式の秤ではなく、いわゆる天秤式の分銅を用いた秤である。このほうが精度は高い）に私は前もって非常に軽い木枠を取りつけ、その上に覆《おお》いのついた簡易ベッドを横木《ビーム》には影響が加わらないように置きました。

午後五時三十分に結核で死にそうな患者がベッドに寝かされました（著者フィッシャーによる注・この若い黒人の患者がきちんと説明を受けたうえで実験に志願したこと、そ

してこれ以上の不愉快な目にあわなかったことを、マクドゥーガルはのちに**骨を折って**示さねばならなかった）。**患者は午後九時十分まで生きていました。（中略）……午後九時十分に患者は突然息を引き取り、まさにそれと同時に、つまり呼吸筋が最後の運動をし、顔面の筋肉が最後の運動をすると同時にビームの端は下側の抑え棒に落ち、跳ね返ることもなくそこにとどまりました。まるで錘《おもり》がベッドを持ち上げたかのようでした。秤を正確にバランスする位置に戻すのに一ドル銀貨二つをあわせた錘が必要で……その合計の重さは一オンスの四分の三になることが分かりました。**

すなわち、患者が死を迎えたと同時に、彼の体重は四分の三オンス（二十一グラム）減少したというのだ。だからといって、そこでマクドゥーガル博士は魂の重さは二十一グラムである！　と短絡した結論を主張したわけではない。ホジソン博士宛の手紙には「私はまず、死の生理学の事実を、私の親友がかつて述べたように〝霊魂的な意義〟をはぎ取って公表したいのです。なぜならこれに固執すれば今日の科学的な人たちの心に偏見を呼びおこし、他の人たちが実験を繰り返す妨げになるかもしれないからです」と述べ、別な手紙では「これらの少数の実験（引用者注・結局六名の患者で実験が行われ、結果的には二十一グラム説は揺らがなかった）が何も証明しないのは、数羽のツバメが夏をもたらすのではないのと同じだ」とさえ語っているのだから。

死とともに体重が二十一グラム減少するというのは事実のようだ。ではその理由は何か。魂の重さであるというのも、とりあえず可能性として（今現在に至るも）残されている。それ以外の説明で、説得力に富んだものはまだない。著者レン・フィッシャーは死亡と同時に体温がどんどん冷えていくので、それと対流現象との関連から説明を試みているが、それでは死の瞬間に「いきなり」二十一グラムが減る理由にはならないと思われる。おそらくこの実験は、倫理の側面において今もう一度試みるのは無理であろう。減少は依然として謎のままなのである。

本章では「死ぬ瞬間」について延々と記しているわけであるが、魂に関する『ムー』的論議はさて置き、マクドゥーガル博士の報告に鑑みれば「死ぬ瞬間なんて秤を用いれば一目瞭然じゃないか」といった話になる。秤さえあれば、決して死を見逃さない。その呆気なさがいっそ痛快だ。野戦病院や終末期病棟ではあちこちのベッドで忙《せわ》しなく、患者を支える秤のビームが次々に跳ね上がっていく光景が思い浮かぶ。

次はギロチンによる処刑法を紹介する。

一七九二年に革命政府から処刑法として公認されて以来、一九七七年九月までギロチンはフランスで活用されてきた。死刑囚にとって最も苦痛の少ない、速やかかつ確実な装置として重用されてきたのだ。ただし八一年九月にはミッテラン政権下で死刑は廃止され、もはや出番は失われてしまった。

ギロチンはまことに単純明快な装置である。まず失敗はあり得ないし、首が切断された時点で死刑囚の死亡つまり「死ぬ瞬間」がカウントされる。

だが首が切断されたら、本当に死刑囚は即死するものなのか。

ダニエル・ジェルールドの大著『ギロチン　死と革命のフォークロア』（金澤智訳、青弓社一九九七）には、強盗殺人で一九五〇年にメッツでギロチンに掛けられたミシェル・ヴァトラン（23）と、その弁護士であるアルベール・ノーが執行寸前に交わしたやりとりの様子が記されている。

眼球をフランス・アイバンク協会へ寄付することに同意していたミシェル・ヴァトランは、ギロチンへと行進する途中で立ち止まり、ふたりの医療技術者が差し出す譲

渡証書に署名しなくてはならなかった。彼らは摘出を行うためにパリから来ていた。首を斬られてからさらに眼球まで抜き取られるのかと思うと急にこわくなり、ヴァトランは、ノーの方に向いて笑顔をつくろい、死んだあとも苦しみは続くと思うかと尋ねる。「最後のお願いです」と、彼は懇願する。「あいつらがぼくの眼を取り出すとき、そばにいてくれませんか。まだあなたの姿が見えるかもしれないですよね。それなら勇気が湧くと思うんだ」

この台詞は、いささか奇怪ではあるまいか。ヴァトランは、首を斬り落とされた後も、まだ自分には意識も視力も残っているかもしれないと思っているのだ。二、三分後には首だけの存在になっているであろうことを理解しているくせに、なぜ「まだあなたの姿が見えるかもしれないですよね」などと言うのか。

死刑執行装置としてギロチンが登場した直後から、切断された頭部にはしばらくのあいだ意識や感覚が残存しているのではないかという噂が流れていたらしい。面白半分のデマもあれば、そう思わざるを得ないケースもあり、またそのようにあって欲しいといった悪趣味な願望もあったのだろう。医者や科学者たちもその辺りを追究すべく、さまざまな関与を図った。ダニエル・ジェルールドの著書からいくつかの例を引用してみたい。まずは失敗例から。

一八三六年、悪名高き殺人犯ピエール＝フランソワ・ラスネールは、処刑の前夜、ビセートル病院のルリュ博士と取り決めを結び、処刑後にも意識は残るかどうか証明することになった。ラスネールは、処刑後に左の目を閉じ、右の目は開けたままにしておくと同意した。ルリュ博士は処刑後の犯罪者の生首をしばらく観察したが、その表情にはなんの動きも見つけることができなかった。実験は失敗に終わった。

次は成功例（？）を紹介する。

一九〇五年にはボーリュー博士が、処刑されたばかりの囚人の頭に向かって、その名前「ランギーユ！」と呼びかけたところ、頭は最初、両のまぶたを大きく見開き、博士に瞳孔の焦点を合わせて応じた。ボーリュー博士がふたたび名前を呼ぶと、今度は、博士の報告によると、さらに反応があった。「まぶたが開き、紛れもなく生きた

目が私の目を見つめ、最初のときよりも鋭い目つきだった」。しかし、三度目には反応を示さず、「すべては二十五秒から三十秒の出来事だった」。

ボーリュー博士の報告はいささか眉唾ものだが、実際のところ、首の切断と脳神経系が機能を停止することの間には一、二秒程度のタイムラグがあるかもしれない。聴覚や視覚が働き判断力も残り、眼瞼挙筋《がんけんきょきん》も意思によって機能するとしたら、この状態を死とは断定できまい。すなわち首が斬り落とされた時点よりもワンテンポ遅れて「死ぬ瞬間」は訪れることになる。

わずかなタイムラグかもしれないけれども、死刑囚（の頭部）にとっては主観的にとても長い時間と知覚される可能性はあるだろう。どれほどの内的体験が脳内に生じているかは想像もつかない。いやそれどころか、あとほんの少しで訪れる「本当の」死を予感して、とんでもなく濃縮された戦慄《せんりつ》や絶望が本人を襲うかもしれない。しかも主観的にはじっくりと時間を掛けて。

「本当に」死ぬ瞬間までのわずかな遅延の中に、避けようのない最大級の恐怖が挟み込まれているかもしれないと思うと、正直なところ気持ちが落ち着かなくなってくるのである。

ギロチンが大活躍をしていた一八七六年に、視覚に関する重要な発見がなされた。網膜に映し出された画像を脳への電気信号に変換するためには、ロドプシンという色素の化学変化が関与するというもので、ドイツの生理学者フランツ・クリスチャン・ボールによる功績である。さらに、やはりドイツの生理学者ヴィルヘルム・キューネは、化学薬品を用いてロドプシンの変化の痕跡を同定することに成功した。この成果を敷衍《ふえん》するなら、実験動物が生前最後に目にした画像を再現するのも可能ではないのか。

その通りであった。不完全ながらも、キューネはウサギの目でそれが可能なことを確かめた。

この技術を発展させれば、殺人事件において被害者の網膜に残っていた「生前最後に見た映像」を取り出せる。かなりの確率で犯人の顔を再現し、逮捕することが可能になる。少なくとも、重要な手掛かりを提供してくれるだろう。これが法医学オプトグラフィーと呼ばれるもので、実用化されないうちから（現在でも実用化などされていないが）、妙に大衆の想像力に訴えたようである。まさに目が写真機の役割を果たしたことになるわけで、当時は名刺代わりに用いられる名刺大のポートレート、キャビネット・カードやステレオ写真などが流行《はや》っていたこともあり、写真が持つ可能性への期待が大きかったのであろう。当然のことながらフィクションにもオプトグラフィーは登場する。ヴェルヌの小説『キップ兄弟』（一九〇二）あたりが嚆矢《こうし》か。

我が国では、医学者かつ探偵小説作家の小酒井不木《こさかいふぼく》が一九二九年に「網膜現像」という短篇を書いて法医学オプトグラフィーを扱っている。ただし犯人を動揺させるためのブラフとして法医学者があたかもオプトグラフィーが実用化されているかのように振る舞うといった内容で、むしろコントに近い。年代的に海野十三《うんのじゅうざ》あたりもこの題材を用いていそうな気がするのだが、まだ確認ができていない。

アメリカの作家、ローレンス・ブロックは長篇『暗闇にひと突き』（田口俊樹《たぐちとしき》訳、ハヤカワ・ポケットミステリ一九八五）で、網膜残像を扱っている（原書は一九八一年刊）。ルイス・ピネルという連続殺人犯がいて、この男はアイスピックで被害者の全身を滅多刺しにしたうえに両目も突き刺すという異常な男だった。

「何を？」

「被害者すべての両眼を刺したのかどうか。彼はそうだと言ったよ。まずまっさきに

そうしたんだそうだ。被害者の体を針刺しにするまえに」

彼女は震えて見せた。「どうして？」

「それも彼に訊きたかった。どうして眼なのか？　きわめて論理的な答が返ってきたよ。彼は手がかりを消すためにそうしたのさ」

「どういうこと？」

「彼は人が死ぬ直前に見たものは、死後もその像が眼に残るのだと思ってたのさ。もしそれがほんとうなら、被害者の網膜を調べれば犯人がわかることになる。で、彼はそうした可能性を消すために眼を突き刺したんだ」

「なんてこと」

「でも、そんなことを考えたのは彼が最初の人間というわけでもない。十九世紀にはピネルと同じことを信じてた犯罪学者もいたんだよ。彼らは、死体の網膜から像を再現する技術が発明されるのは時間の問題だと考えていた。そんなことがいつ可能になる？　医者ならどんな医者でも、それが生理学的に不可能な理由をすべて説明してくれるだろうよ。でも、百年もまえのことだからね、いろんなこじつけがまかり通っていたのだろう。それは二十年まえでも同じかもしれないが」

殺人犯の顔が残っているかどうかはともかくとして、この世で見た最後の光景が網膜に残存しているどころかそれを見ることができる（死者の目玉の中を覗くという意味で、究極の覗き見であろう）といった発想は、なかなか心をくすぐってくる。まさに「死ぬ瞬間」に目撃した映像なのだから。

ギロチンで処刑された者の場合はどうであろうか。目隠しをされていなかったとしたら、ショー化した死刑執行を見物に来ていた連中の嬉しげな様子か。転がる首を収める袋の布地か。それともアルベール・ノー弁護士やボーリュー博士の真剣な顔なのだろうか。

マイケル・パウエル監督によるイギリス映画『血を吸うカメラ』（原題はPEEPING TOM）は、ヒッチコックの『サイコ』と同年の一九六〇年に公開された異常心理サスペンスとでも呼ぶべき傑作である。昨今では見る／見られるといった映画論の文脈で言及されることが多いけれど、ここでは「死ぬ瞬間」へのこだわりから触れてみたい。

主人公はマーク・ルース、孤独で内向的な青年である。彼は映画スタジオで陳腐な娯楽映画のカメラマンを務めたり、ポルノ写真を撮影したりして糊口《ここう》を凌《しの》いでいる。だが本心では、完璧なドキュメンタリーを一人で作ろうとしている（だからいつも小型の16ミリ撮影機を持ち歩いている）。そして彼が目指しているのは、それなりの日常からいきなり死の恐怖に直面させられ、そのまま無力に殺されていく女性の姿、いや彼女の断末魔の表情を映し取ることである。街娼など何人もの女性を殺してきたが、なかなか「最後の表情」を上手く撮れない。

なぜそんなことをするのか。マークの父は著名な心理学者で、恐怖に対する神経反応の研究をしてきた。実験台として我が子、すなわち幼いマークを用いさまざまな恐怖を味わわせてはその場面を撮影して論文のデータとしてきた。そのような経験はマークにとって深刻なトラウマとなり、今や父母の亡き彼は、死を目前に究極の恐怖に曝《さら》された女性たちを撮影することで（無意識のうちに）トラウマを乗り越えようとしている。父を恨まずに、むしろ殺人鬼となって父の振る舞いを反復しようとしてしまうところに異常さと切実さとが隠されているわけである。

殺し方は簡単である。相手を油断させ、レンズを向ける。三脚が付属しているがその一本は仕込み杖のようになっており、鋭いナイフが隠してある。それを前に向け被害者の喉を突いて殺害する。と同時に相手の顔を真正面から撮影する。いやそれだけではなく、カメラには円形の鏡が付けてある。そのため被害者は殺されるという恐怖に怯える自分自身の顔と向き合うことになる。それによって恐怖は強められ、なおさら表情は恐怖に歪む。そうした恐怖のループの末に突き殺される次第なのだ。

完璧な恐怖を顕現《けんげん》させた表情は、「死ぬ瞬間」そのものを表現してもいる。生と死との境界面が鮮やかにフィルムに残されることになる。

『血を吸うカメラ』（1960年、マイケル・パウエル監督）ⒸMary Evans/amanaimages

悪趣味な作品だと公開当時は非《ひ》難囂々《なんごうごう》であったらしい。だが人間の好奇心に忠実な側面も含んでいる。それゆえに公開当時にはまさにポルノに準じたいかがわしいものと断罪されてしまったのだろうし、現在では映画論的に示唆に富む作品と目されている理由でもある。殺人犯であるマークに、わたしたちと共通した心性があると示唆されるのは、あまり気分のよろしいものではあるまい。

それにしても、もしも殺された女性に法医学オプトグラフィーが行われたとしたら、そこには彼女自身の顔しか映っていない。マークの顔でも、撮影機でもないのだ。死ぬ瞬間に見たものが恐怖の叫び声を上げている自分自身の顔というその自己完結性には、むしろ冗談めいた滑稽さまでが感じられてくる。まことに意地の悪い監督だと思わずにはいられない。

人はすでにその瞬間を体験している

本章の締め括りには、『ピンチャー・マーティン』という小説を紹介しておきたい。ノーベル文学賞作家のウィリアム・ゴールディング（一九一一〜一九九三）が、『蝿《はえ》の王』（一九五四）、『後継者たち』（一九五五）に次いで一九五六年に出版した第三長篇で、念のために言い添えておくと、『蝿の王』のような読み易さも面白さもない。井出弘之訳の集英社文庫（一九八四）で読んだのだが、正直なところ読み進むのが苦痛であった。しかし興味深い要素も確かに含まれている。

ストーリーは単純だ。時代設定は第二次世界大戦の真っ最中。主人公であるピンチャー・マーティン（ピンチャーは仇名。本名はクリストファー・ハドリー・マーティン。オックスフォード大学を卒業し、劇団の役者をしていたものの端役がせいぜいであった。英国海軍大尉として参戦中）は、駆逐艦《くちくかん》に乗り組んでいたがUボートの攻撃を受けて大西洋に放り出される。溺れかけたものの、どうにかちっぽけな岩礁《がんしょう》に泳ぎ着く。海図にも載っていないような岩のかたまりで、草木も生えていないしもちろん人など住めない。雨水で渇きを癒やし、岩に付着した貝やイソギンチャクで餓えを凌ぐしかない。海が荒れたら、いつ波に攫われてしまうか分かったものではない。そんな危うい場所にしがみつきつつ、救援を待つ。だが一週間もしないうちに、彼の精神は安定を失い過去の思い出や幻覚や妄想とが混ざるようになり、遂には救出される前に死んでしまう。

昔から数多《あまた》ある漂流記のバリエーションであり、しかも生還できなかった物語である。ただしこの物語は、アン・ハッピーエンドなことが特筆されるべき点ではない。変なのである。明らかな矛盾点を含んでいる。

夜間の大洋に投げ出され、まだ岩礁には辿り着けず溺れそうになっていたとき、主人公は作業用の重い深長靴を履いていた。駆逐艦の上なら問題ないが、泳ぐときには邪魔である。そこで彼は長靴を水中で脱ごうと苦闘する。

……彼は、重たいものに、下へ下へと引きずり込まれるのを感じた。唸りが戻ってくる。ずっしりと重たい作業用深長靴の映像をともなって。彼は両脚を動かしはじめた。

片足をもう片方の足のうえに重ねて、強く押してみたが、どうしても長靴は脱げない。（中略）右脚を左の腿《もも》の上にのせ、水にふやけた両手でもって、引っぱる。長靴はふくらはぎの上を滑りだして、彼は蹴るようにしてそれを脱ぐ。いったん足指を離れたゴムの口が、またもういちど触れてくるのを感じたが、それっきりどこかに消え失せてしまった。左脚を引っぱり上げて、残った一足も格闘のすえ脱ぎ捨てる。ついに両方ともなくなった。

以上の記述は、文庫で本文の五頁目（ノンブルでは十頁）に出てくる。そのこと自体に不審な点はない。

さて文庫で正味二五五頁ほどあるこの小説において、最後の十頁は一種の後日談のようになっている。それまでは主人公の苦境や回想、精神の混乱などがみっしりと書かれていたが、いきなり場面も登場人物も、そして語り口も変わる。

大西洋上の、どこかのんびりした雰囲気すら漂う島。ただしそこにいるのは民間人のキャンベル氏（おそらく老人）だけである。海流の関係で、この島の砂浜には溺死者や海上に漂う戦死者が次々に流れ着くらしい。そうした死者を引き揚げ、崩れかけた差し掛け小屋に安置する。それがキャンベルの役目である。

掃海艇《そうかいてい》に乗り、水兵を従えた海軍士官のデイヴィドソンがその島に上陸する。彼は近隣の島々を巡っては、そこへ漂着する遺体を回収するのが仕事である。認識票で誰であるのかを確認し、遺族へ知らせる手続きも行うのだろう。

デイヴィドソンはキャンベルと挨拶を交わす。その日に引き取る遺体は、既に姓名は判明している。クリストファー・ハドリー・マーティン（ピンチャー・マーティン）だ。かなり遺体は損壊されているらしい。水兵たちがそれを担架に載せ、そそくさと掃海艇に運ぶ。手慣れた作業である。

浜辺に立っているキャンベルは、毎日のように遺体を海から引き揚げる仕事にうんざりしていた。遺体に対して思い入れも生じてくるのだろう。海軍士官デイヴィドソンに、マーティンは苦しんで死んだのだろうかと遠回しに問いかける。それに対してデイヴィドソンは、明確な返答をするのである。


「マーティンのことがご心配ならば——苦しんだかどうかという話だったら——」

しばらくの間、二人は沈黙した。掃海艇の彼方で、太陽が、炎上する船のようにし

ずしずと沈み、姿をかくした。あとに、太陽を思い出させるものは、煙のような雲以外、何一つ残さなかった。

キャンベル氏が溜め息をついた。

「ええ」と彼は言った、「あたしの言いたかったのは、まさしくこのことだったんです」

「だったら、あの男は心配いらない。屍体を見たでしょう。作業用深長靴を脱ぎ捨てる時間もなかったほどなのだから」

このやりとりが、小説の末尾である。これで物語は終わる。

そうなると、すべての読者は困惑する。主人公マーティンは、水中で苦労して深長靴を脱いだと書かれていたのではなかったか？　それなのに、水死体となって流れ着いた彼は深長靴を脱いでいない。海軍士官デイヴィドソンは、脱いでいなかったからこそマーティンは海におちてから短時間のうちに死んだのだ、苦しまなかったのだと断言しているのである。

もちろん小説の中には、この矛盾に対する説明はない。作者ゴールディングも、はっきりとした絵解きをエッセイやインタヴューで行ってはいない。

実際、評論家や文学者たちはさまざまな意見を発した。まさに侃々諤々《かんかんがくがく》といったありさまで、たんにゴールディングが深長靴を脱いだ場面を書いたのを失念していただけではないのか、という意見すらあったらしい。

マーティンが作業用深長靴を脱ぎ捨てる前に溺死したのは、確定事項である。デイヴィドソンの言葉に間違いはない。では、いったいいつ亡くなったのか。本文五頁目からの引用で、深長靴がなかなか脱げなくて難儀している箇所と、首尾良く脱ぎ捨てられた箇所とを結ぶ（中略）の部分――文庫版で四行ぶんに相当するこの箇所（因《ちな》みに、略された内容は水中でマーティンがじたばたしている描写である）に「死ぬ瞬間」が潜んでいるのではないか。これはわたしの素朴な意見である。

いっぽう、この小説を翻訳した井出は、巻末の解説で明快に述べる。「いずれにせよ、あえて種明かしするならば、われわれの主人公は、たぶん最初の一ページくらいの所で死を迎えているのだ。『おかあさ――』という言葉の不完結であるところに、ぼくは、その証拠をみる」。

ではその箇所を見てみよう。本文の二頁目、まだマーティンが深長靴を脱いだほうが泳ぎやすいと気付く前である。

……空気と水が入り混じって、まるで砂利石みたいに引っかかりながら、躰《からだ》のなかへと入ってゆく。筋肉と神経と血と、やっきになった肺臓と、頭のなかの機械、それらがほんの一瞬、昔ながらのパターンをとり戻して作動する。かたい水塊が食道のなかであばれ、唇が合わさってはまた離れ、舌がそりかえり、脳天にネオンサインがきらめいた。

「おかあさ――」

なるほど、「おかあさん、助けて」とでも言うであろうところが不完結になっている。でもそれって、海水が口や鼻に繰り返し入り込んで苦しんでいる最中の描写なのである。言葉の不完結は溺れている人間のリアリティーを示しているだけであって、死を迎えた証拠ではないだろう。死の瞬間はそんな単純明快なものではあるまい。

と、わたしは反論したくなるのだが、ふと我に返ってみれば、オレは何とくだらないことに拘泥《こうでい》しているのだろうと苦笑したくなる。全二五五頁の二頁目でマーティンが死のうと、五頁目で死のうと、どうでもよいではないか。でもついそんなことを気にしてしまう。まさに「死ぬ瞬間」にこだわってしまう。それが人間の習性なのか。

ピンチャー・マーティンが二頁目で亡くなったのかそれとも五頁目であったのかはともかくとして、そうなると長篇『ピンチャー・マーティン』のほとんどを成す彼の岩礁での苦闘、過去の回想、さまざまな思い、混乱や幻覚といった描写はいったい何だったのであろう。

主に二つの説がある。

ひとつは、死の直前のパノラマ視ないしは走馬灯現象とでも呼ぶべき事象を描いたものという説である。さきほどの井出は、既に引用した解説の続きで述べる。「となると、深長靴を蹴りつけるようにして脱いだというのは幻覚《ハルシネーション》だ、ということになる。／あとは生死のはざまの一瞬の世界だ。ワグナー的な、ロック・ストーリーのロック・ミュージックが耳を聾《ろう》するほどに轟きわたるなかで、深長靴をはいたままの巨大なおのれの像と彼が向かい合い、〝ピンチャー〟がようやく消滅して、クリストファー（全世界とその罪を負う伝説の巨人、聖クリストファーを想わせる名）の屍が海辺の老人に収容されるまで——要するに、本書の各二章ずつの七日間は、『創世記』冒頭の世界創造のパロディである」と。

この解釈はなるほど妥当に思われる。しかし考えようによっては、ただのワン・アイデアの物語でしかない。早い話が、アンブローズ・ビアスの短篇「アウルクリーク橋の出来事」（一八九〇）と変わりがないし、似たような物語は現在に至るまでむしろ映画においてしばしば発表されている。本書はそのレベルのものなのか。なおこの解説は当初、一九七七年に発行された集英社版世界の文学17『ゴールディング』に付されていたものの発展形であるが、パロディという鼻であしらうような言い方には少々抵抗を覚えないでもない。

もうひとつの解釈は、キリスト教圏それもカトリックの発想につながっている。すなわち死亡したあとのピンチャー・マーティンの物語は、彼の煉獄《れんごく》におけるありさまを活写したものであるとされる。わたしは煉獄についてきちんとした知識を持っていなかったので調べてみたら、これはまあずいぶん便利な装置であるなあと驚かされた。人は死んだら天国に行くか地獄に行くかのいずれかである。ストレートに天国へ行けるなら嬉しいが、いきなり地獄に突き落とされるのもシビアな話である。悪いことも良いことも、どちらもしているのが普通の人間ではないか。そこで罪を浄化するための中間的な場を想定し、それが煉獄ということになるらしい。煉獄で炎の試練をくぐり抜け、悔い改めれば天国に行けるというシステムである。だから岩礁にかじりついて苦難を受けるピンチャー・マーティンはまさに煉獄の試練を味わっていたのではないか。

マーティンは、実はろくでもない悪人であることが読み進める中で分かってくる。知人の妻に手を出したり、レイプまがいのことをしたり、親友を殺そうと画策までするのである。傲慢で貪欲、救いようがない。そんな彼は、煉獄においてもなお悔い改めることはなかった。神を呪っていた。そうして結局のところ、マーティンは地獄に落ちた、と。つまり彼は現世における死と、煉獄から地獄への死――二度の死を体験していることになる。でもそんなことは他人には分からない。だから海軍士官デイヴィドソンは、深長靴を履いたままのマーティンは苦しまずに死ねたであろう、名誉の戦死を遂げたゆえにおそらく天国へいったであろうといった意味のことを無責任に語るわけである。

アメリカ版の『ピンチャー・マーティン』にはthe Two Deaths of Christopher Martinという副題が付けられているそうであるが、その副題もまた煉獄説を裏付けているようである。

『ピンチャー・マーティン』について考えていると、心のバランスが揺らいでくる。

不満と失望ばかりの毎日に対して悪態を吐くことしかしない生活を送っているわたしは、本当は既に死んでいて　現在が実は煉獄であるように思えてくるのだ。冗談が三分の二、本気が三分の一くらいの割合でそう感じる。「死ぬ瞬間」を体験したのに気付いていないだけなのだろう、たぶん。これからも反省や悔い改めなどするつもりは毛頭ないから、いずれ二回目の死を迎えるのだろうか。

釈然としない気分である。

第２章

「永遠」は気味が悪い

永遠とは何か？

死んだ途端に、わたしたちは永遠の領域に属することとなる。いや、再び何らかの生き物に生まれ変わる可能性だってあるのかもしれないが、それはあくまで期間限定だろう。いわば背景の前で一時的に演じられた影絵芝居みたいなもので、あくまでも背景は永遠とペアになった「無」ないし「空虚」といったものではないのか。そのあたりは人によって考え方がそれぞれ異なると思われるが、それでもなお死者となったわたしたちは永遠と直面せざるを得ない。

日常生活において、ひしひしと永遠を実感することはまずない。循環小数や円周率はなるほどその性質に永遠性を伴っている。だが数学は抽象であり記号だろう。請求書の数字にたじろぐことはあっても、終わりのない数列が今暮らしている世の中で自分と併存しているという事実に眩暈《めまい》を覚えることなどない。

とはいうものの、いくぶん気分がセンチメンタルになっていると、冷えびえとしたアンモナイトの化石や天空に向けられた電波望遠鏡の巨大なパラボラアンテナ、雲の破れ目から陽光がまっすぐに射し込む「天使の階段」の壮大な眺め、古代遺跡から発見されたままの異様な未解読文字、風化した石碑などに永遠の片鱗《へんりん》を感じ取ることはありそうだ。稲垣《いながき》足穂《たるほ》は路面電車のポールから零《こぼ》れ落ちる緑色の火花に永遠を見て取っていたし、俳人の金《かな》田咲子《ださきこ》が〈生きてゐて桜見ること不思議なる〉と詠み（句集『平面』ふらんす堂二〇一七）、藺草《いぐさ》慶子は〈百年は死者にみじかし柿の花〉〈ぼんやりと鯉の影ある金魚かな〉と詠み（句集『遠き木』ふらんす堂二〇〇三）、歌人の田中有芽子《たなかうめこ》が〈あのアゲハ小さい頃から何回もおんなじやつに会ってるのかも〉と詠うとき（歌集『私《わたくし》は日本狼アレルギーかもしれないがもう分からない』左右社二〇二三）、そこにも永遠を思わせる何かがまぎれもなく宿っている。

でも、せいぜいそんなところなのだ。わたしたちは「圧倒的」で「本物」の永遠と向き合う練習などできない。不可能である。にもかかわらず、死んだらいきなり（しかも無理矢理に）永遠と対峙させられるわけで、これはなかなかキツそうだ。命綱のないまま宇宙空間を漂うような根源的な恐怖、頼りなさ、困惑といったものに呑み込まれるのだろう。しかもそれは結局のところ順応したり克服することなど不可能なほどの絶対性を帯びているのではないだろうか。

永遠は恐ろしい、いやむしろ気味が悪い。

この章を書くために永遠について考えていたのだが、思わぬところに盲点があった。イメージとして、永遠は単一のものではないようなのだ。実は「永遠」にはおおむね三つくらいの種類がありそうだ。そこを曖昧にしてしまうと、話が錯綜してしまう。そこでその三種類について、順番に語っていきたい。

最初の「永遠」は、逃げ場のない、むしろ生き埋めに近い種類のものである。

それがきわめて嫌な、あるいは恐ろしい形で描き出されているもののサンプルとして、ジム・トンプスン（一九〇六〜一九七七）の短篇小説「永遠にふたりで Forever After」を紹介してみよう（中短篇集『この世界、そして花火』所収、三川基好訳、扶桑社ミステリー二〇〇九）。初出は一九六〇年、『ショック』という米国のホラー雑誌だ。

まず、トニーという若い男がいる。「ハンサムで空っぽな顔」をした一人暮らしの男で、安食堂〈ジョーズ・ダイナー〉の皿洗いをしている。知性には恵まれず、度胸もなく、運からも見放されている。彼としてはこんな境遇をきわめて不本意に思っている。

次にアーディス・クリントンという女がいる。人妻であり、自分より若いトニーとは不倫関係にある。自分勝手で気が強い。

アーディスの夫であるビルは四十代半ば、腕利きの自動車修理工で、がっしりとした体格だが、「団子鼻の上に載せた古風な金縁の眼鏡のために、何やらフクロウのような奇妙な威厳があった」。面白味に欠け規則正しさにこだわり、そのくせ無神経な人物だ。妻を対等な人間として扱っていない。

アーディスはそんな夫を憎んでいる。もはや生理的に受け付けない。ならば離婚をすればよさそうなものだが、彼女から離婚を切り出したら一文無しで放り出される。愛人のトニーも文無しだから、彼と一緒になっても生活の目処《めど》が立たない。今のところは現状に甘んずるしかない。夫のビルも彼女への愛情は消え失せているようだが、あえて離婚する必要もないと思っている。ましてや追い銭を与えて妻を自由にさせる気などない。

いったん誰かを烈《はげ》しく憎むと、その人物の一挙手一投足がすべて苛立ちの原因となるものだ。だからビルが十五年のあいだ、毎日午後五時二十分ぴったりに帰宅するという律儀さにすらアーディスはムカつかずにはいられない。夫に嫌味や憎まれ口を叩いても、蛙《かえる》の面に小便といった態度なのでなおさら彼女は憎悪を強めていく。

もはや我慢の限度を超えたアーディスは、夫の殺害を計画する。ビルさえ死ねば今までの不毛な生活が終わり、美男のトニーと一緒になれる。しかも保険金が二万ドル、さらに不慮の死に対しては一万ドルの追加を彼女は受け取れるのだ。それを元手にしてトニーと

「しゃれた小さなレストラン」を営むのが心積もりなのだ。

殺害計画など、頭の悪いトニーには立てられない。すべてはアーディスが考えた。手順は以下のようなものである。

第一段階として、室内を荒らして強盗に入られたように見せかける。トニーは肉切り包丁を持って浴室でスタンバイする。ちょうど五時二十分にビルは帰宅し、いつものように浴室に向かうと、待ちかまえていたトニーがビルを刺殺する。これで押し込み強盗が成り行きからビルを殺したという構図になる。ただしそれだけでは不十分だ。アーディスも被害者であるかのように工作しなければならない。

トニーが夫を刺し殺したのを確認したら、すぐにアーディスは電話に向かう。声を潜めて交換手を呼び出し、「助けて」と弱々しく告げ、それから叫ぶ。「助けて……警察を……人殺し！」

受話器をアーディスが床に落としたら、横で控えていたトニーは彼女の頭を力いっぱい殴りつけなければならない。力いっぱいである。そこが肝心だ。すると彼女は「本当に」傷を負い意識を失うだろう。すかさずトニーは逃げ去る。これがトリックだ。アーディスが怪我をしたどころか実際に気絶をしていたからこそ、警察は彼女もまた強盗の被害者と考える筈《はず》だ。まさか彼女が共犯と仕組んだ犯行とは思うまい。そして気絶をするほど自分の頭を殴るようにトニーへ強要する彼女は、ある意味で腹が据わっている。腰が引け気味のトニーを、アーディスは叱咤激励するのだった。

計画は実行された。落ち度はなかった。妻が電話で助けを求めている最中に強盗は夫を刺殺し、さらに妻を殴りつけ逃走した、という図が完成した。

アーディスが意識を回復すると、ソファに寝かされていた。医者とパワーズ警部が立っていた。もちろんトニーの姿などない。警部は、（被害者を装っている）彼女に同情してくれるだろう。

ところがパワーズ警部は彼女の狂言を見抜いていた。アーディスが交換台に電話を掛けたのは午後五時二十三分。トニーがビルを刺し殺した直後だ。しかし運の悪いことに、たまたまパトカーが家の近所にいた。結果として五時二十五分、トニーが彼女を殴って意識を失わせて逃走したのと入れ替わるように、早くも警察が現場に到着してしまった。

トニーが間一髪で逃げられたのはよかったものの（予行練習をしておいたおかげだろう）、そうなるとわずか二分の間に、強盗は頑丈そうなビルを襲って殺し、助けを求める電話をしている妻を見つけて気絶させ、その上に金を奪って見事に逃げおおせたことになる。さすがにそれは現実的に不可能だろう。たった二分間なのだ。しかもアーディスがトニーと浮気をしているのは、地域では結構噂になっていたらしい。となれば、彼女が警部に疑われるのも無理はない。

だが疑いはあくまでも疑いでしかない。状況証拠しかないのだ。警部はあれこれカマを掛けるが、彼女は罪を断固認めようとしない。自白さえしなければ、大丈夫だろう……。

「先生――」パワーズは医者のほうにぐいと頭を向けた。つまり、医者のような格好の男のほうに。「説明してやってくれよ、先生。ボーイフレンドの殴り方が少々強すぎたって、教えてやってくれ」

男はためらいがちに前に進み出た。そして言った。「お気の毒ですが、ミセズ・クリントン、あなたは――ああ――とてもひどい怪我をしています」

「あたしが？」アーディスはほほえんだ。「気分はいいわよ」

「それは」考えながら医者は答えた。「事実ではないと思います。あなたがおっしゃるのは、何も感じないということでしょう。感じないはずです。これほどの傷を負っ

たのでは――」

「出ていって」アーディスは言った。「ふたりとも出ていってよ」

「お願いです、ミセズ・クリントン。信じてください。だまそうとなんかしていません。恐ろしい思いをさせたくなかったので――」

このやりとりは、何だか変だ。いかにも歯切れが悪いではないか。アーディスの怪我はひど過ぎると医者は言い、何も感じないのは当然だと呟く。しかも「恐ろしい思いをさせたくなかった」とはどういうことなのか。それだけではない。医者を医者のような格好の男と書いてあるのはどのようなことなのか。

実は、トニーの殴り方が烈し過ぎて、アーディスは死んでしまっていたのだ。それなのに彼女は自分の死に気付いていない。だから会話がちぐはぐになっている。おそらくこの場面におけるパワーズ警部と医者は、現実の人間ではない。死者が見る幻想というのもおかしな話だがそのようなものなのかもしれないし、あるいは冥界の住人が変装をしているのかもしれない。医者のような格好の男と、警部のような男に。

アーディスは二人に部屋から出ていけとわめく。そうして目を閉じる。長い時間が経って目を開くと、二人はいなくなっている。しかも部屋は真っ暗だ。すると玄関から音がした。あのむかつくような夫、トニーによって刺殺された筈の夫が帰ってきたのだ！　平然といつものように決まり切った台詞を夫は口にする。彼女はパニックに陥る。

「やめて！　やめてよ！」彼女の叫び声が部屋を満たした……声にならない叫びが静寂を引き裂いた。「あいつは――あんたは、死んだのよ！　わかってるの！　あんたは死んだ。もう一分だってあんたの相手はごめんよ。そして――そして――」

「おれだったらすなおにおとなしくしてるがね」静かな声で彼は言った。「そんなふうに首が折れているんじゃな」

そしてとぼとぼと浴室に向かっていった。あの世に浴室があるのだとして。

これで物語はおしまいである。たぶん浴室には包丁を手にしたトニー（のような男）がいてビルをまたしても刺し、首の折れたアーディスは自動人形のように交換台に電話を掛け、直後にトニーに頭を殴打させるのだろう。するとまた警部と医者（のような男たち）が登場する。そんな茶番が「永遠」に繰り返されるのだろう。

アーディスは死んでしまった。首が折れるほど殴られたのだから仕方がない。けれども彼女は死後もなお、殺されてはそれに気付かぬまま絶望を味わうといった無限のループに閉じ込められてしまった。果てしない反復というわけで、これはなかなか恐ろしい。閉塞感や息苦しさにおいては、生き埋めにも似たトーンがありはしまいか。わたしは読み終えたあとで、軽い吐き気に襲われた。

喜びが「永遠に」繰り返されるとき

絶望が永遠に繰り返されるのは御免被りたい。ならば喜びが永遠に繰り返されるのはどうなのか。

ゾラン・ジヴコヴィッチ（一九四八〜）という旧ユーゴスラビア・ベオグラード生まれの作家がいる。東欧のボルヘスとも称されているそうで、海外ではかなり評価が高いらしい。そのジヴコヴィッチに『12人の蒐集家《しゅうしゅうか》／ティーショップ』という短篇集があり（山田順子訳、東京創元社二〇一五）、そこに「死」という短篇が収録されている——

医師である「わたし」は病気によってもはや打つ手のない状態だ。つまり死を目前に控えている。そして夜である。病院の個室にいる「わたし」は鎮静剤を飲んで眠ろうとしていた。できれば眠っているうちに死ねれば楽だろうなどと思いながら。

するとドアをノックする者がいる。ナースではない。「入ってきたのは、背の高い細身の男だった。紫色の長いコートを着ている。そろそろ初老といってもいい年齢にしては、いやに元気そうに見える。薄くなりかけているごましおの髪としわのよった顔には、紫色より灰色かオリーブグリーンのほうが似合うだろう」。

どう見ても胡乱《うろん》ではないか。「わたし」は入眠直前だったこともあり、紫のコートの男との面談を拒否する。だが男は平然としている。それどころか、あたかも自分が超自然的な存在であるかのような態度を取る。いや、それは本当なのかもしれない。ナースコールを押しても、やって来た夜勤のナースの目にその男は映らなかったのだから。

男は自分を「死の蒐集家」であると自己紹介する。だから「わたし」の死を譲ってほしい、と。怪訝《けげん》な表情の「わたし」に彼は語る。

「さよう。わたしは死を集めているんだ。聞いただけでは異様な趣味だと思われるかもしれないが、それほど異様ではない。ま、めずらしい趣味とはいえるがね。あなたがあなたの死を譲ってくれれば、その報酬として、あなたはきわめて貴重なものを我

がものにすることができる」

「どうやって死を譲ったりできるんだ？」

「とても簡単なんだよ。承諾してくれればいいんだ」

「それだけ？」

「さよう」


譲るというならばそれに対する報酬があるだろう。紫のコートの男が提示した報酬とは以下のようなものであった。これまでの人生でいちばんすばらしかった日を選びさえすれば、それが戻ってくるのだ、と。


「どんなふうにもどってくるというんだ？　さっぱりわからん」

「その日にもどるだけなんだよ。その日までの過去は変わらずに、最初に経験したときと同じ道筋をたどって、その日に至っている。もちろん、先のことはなにも知らない。その日以降の人生はなかったのと同じになる」

わたしはまた考えこんだ。「それじゃあ、その日が終わったら？　その日が終わる

と、わたしは死ぬのか？」

「あなたは決して死なない。あなたの死はわたしのコレクションに加わるのだから」

「その日以降は、ずっと健康にすごせるのか？」

「そうではない。あなたはもっともすばらしい日にもどる。その日をくりかえしくりかえし生きるんだ。永遠に。どうかね、死と永遠とを交換することに同意するかね？」

明示されてはいないが、この男はおそらく悪魔だろう。となれば、彼との取引には罠が仕掛けてあるに違いない。だがどこに罠があるのか。「わたし」には徐々に鎮静剤が効き始めていて、思考が緩慢になっている。その結果として、あっさりと死を譲る契約を承諾してしまう。男は満面の笑みをたたえる。そして「わたし」に囁《ささや》く。「永遠とはとても長い時間だ。たとえそれが理想的な日々であろうとも。それはともかく、あなたがその日々を楽しんですごせますように」と。

もはや「わたし」は鎮静剤で目も開けていられなくなっている。男は遠ざかっていく。

薄れていく意識のなか、ふいに恐怖の波が押しよせてきた。ぼんやりとなにかおかしいと思っているのだが、なにがおかしいのか、どうしてもわからない。だが、それもどうでもよくなった。わたしは望外の喜びに満ちて、目覚めを迎えられるのだ。目覚めれば、なにかすばらしいことが待っているのだ。

以上で物語は電源コードを引き抜いたかのように終わってしまう。いったい何がおかしいのか。罠は何か。

当方の考えとしては、なるほど「もっともすばらしい日」を繰り返すことになるいっぽう、本人の記憶はリセットされないというのが罠になっているのではあるまいか。前日に「もっともすばらしい日」を体験したという記憶が残っているまま、翌日には再び同じ日を体験する。こうなると、どんなにすばらしい日であろうと数日で飽きてくるだろう。フレッシュさがまったく伴わないのだから。それでもなお「もっともすばらしい日」は執拗《しつよう》に繰り返される。その反復からは逃れられない。死という逃げ道は悪魔に譲り渡してしまったし、もはや永遠の反復に甘んじるしかない。うんざりした気分と一緒に果てしなく生きねばならないのだ。「もっともすばらしい日」によって、主人公は「辟易《へきえき》」という名の地獄を無限に味わうしかなくなる。

苦しみがエンドレスかつループで繰り返されるのは地獄だろう。だが喜びもひたすら単調に反復されれば（しかも反復しているという自覚を忘却できなければ）、これまた地獄になる。永遠とは、かくも恐ろしくまた救いのないものなのかと項垂《うなだ》れたくなる。

わたしたちは日々の通勤や通学、うんざりするようなノルマに息苦しくなり、ときには地獄にいるかのような気分になる。でもその地獄は、どんなに長くても百年は続かない。本当の地獄は、やはり死後にあるのではないのか。まさに〈百年は死者にみじかし柿の花〉といった具合に。

一直線の永遠

二番目の「永遠」は、一直線の永遠とでも称すべきものだ。いろいろな出来事はあるかもしれないが、ある運命的な方向づけからは決して外れることがないまま果てしない時間に呑み込まれていく。

その一例は、リチャード・マシスンの長篇小説『縮みゆく男』（本間有訳、扶桑社ミステ

リー二〇一三 なお原作は一九五六）であろう。この小説は一九五七年に原作者マシスンのシナリオ、ジャック・アーノルドの監督によって『縮みゆく人間』として映画化されているが、基本的な内容はほぼ同じである（原題は、小説も映画版もThe Incredible Shrinking Manである）。

主人公はスコット・ケアリー、退役軍人でありその設定は後にサバイバルの巧みさを支えることになる。

彼はモーターボートで休暇を楽しんでいる際に、奇妙な海霧に遭遇する。その霧に全身を包み込まれたとき、彼はまるで髭《ひげ》を剃《そ》ってローションを塗ったときのような爽快感を肌で感じた。この海霧は、実は放射能に汚染されていた（放射能を含む霧に触れたときの感触が、さながら髭剃り後にローションを塗ったときのスーッとした感じであったというのは、妙なリアリティーがあるように思える）。さらにスコットは、過日、市のトラックが街路樹に散布している殺虫剤をうっかり浴びてしまっていた。どうやら放射能と殺虫剤との複合が、とんでもない化学作用を彼の肉体にもたらしたらしい。

身長が六フィート（約一八三センチ）あったスコットは、一週間に一インチ（約二・六センチ）の割合で全身が縮小するようになったのだ。最初は、服のサイズが微妙に合わないとか、そういった違和感に過ぎなかったものが、やがてどんどん異常な事態になっていく。そのエスカレート具合が怖い。家具や階段の段差、ありふれた日用品、妻や娘や周囲の人たちの背丈が、相対的に巨大化していく。さながら悪質な冗談のようだ。日常感覚を歪ませるようなこうした異様な光景は、映画版においてはまさに特撮の見せ場である。病院にも行くが、有効な治療法は見つからない。

絶望と、遣り場のない怒りに苦しみつつ、スコットはひたすら縮小していく。妻はせめて居心地良く暮らせるようにと室内に「人形の家」を置いてそこに住まわせる。マッチョな彼にとっては、そんな気遣いなど屈辱にしかならない。かつては可愛かった猫がジャイアント・サイズの猛獣となって襲ってきたり、もはや人体縮小は、当たり前だった筈の家の中が危険なジャングルと化すのと同義であった。妻との関係もこじれ、それどころかマッチ棒よりも背丈の小さくなったスコットは、いつしか地下室で蜘蛛（たちまち宿敵と化す）と戦わなければならなくなる。

そうしたサバイバルな毎日を重ねつつも、日々着実にスコットは小さくなっていく。停止させる手段はない。このままでは、彼は消滅してしまうのか？

永遠という文脈から考えれば、消滅などあり得ない。無限に小さくなっていくだけで、そこに限度はない〈実際には、素粒子のレベルになればそこで〈究極〉になりそうなものだが、諸説あるらしい〉。スコット自身も、そこに思い至る。ある程度以下に縮小すれば、今度はそのサイズが当たり前である世界——そのような世界が目の前に広がってくるのではないのか。つまり世界はサイズの異なった入れ子構造になっているわけで、そうした意味では大きいとか小さいといった概念は意味を成さない。イメージとしては、手塚治虫の大作『火の鳥』の未来編で描かれた世界観に近いだろう。

といった次第で、スコットは以下のような考えに立ち至る。

……どうしていままで考えてみなかったんだろう。ミクロの世界と超ミクロの世界のことを。そういう世界があることは前から知っていた。けれど、はっきり自分と結びつけて考えたことはなかった。いつも人間の世界の尺度で、人間だけに通用する狭い次元で、物事をとらえてきた。自然界のことを勝手に推測してきた。インチというのは人間の概念であって、自然界の概念ではないのだ。人間にとっては、ゼロ・インチは無だ。ゼロとは無という意味だ。

しかし自然界にはゼロなどない。存在するという現象は、終わりのないサイクルの

なかでずっと続く。いまでは単純明快なことに思える。自分が消滅することは決してない。なぜなら、宇宙には、存在しないという時点はないのだから。

こうしてスコットがいやに前向きな気分になったところで物語は終わる。何だかゼノンのパラドックスのひとつ〈アキレスは決して亀に追いつけない〉という命題を教えてもらったときに似た戸惑いを感じないでもないけれど、永遠が恐ろしさと同時に救いをも提示している構造が面白いようにも感じられる。

昔話として伝えられている「海の水はなぜ塩辛いのか」という物語が、わたしには怖くて仕方がない。ご存知の方も多いと思うが、紹介しておこう。

昔、貧乏だが気立ての良い男がいました。彼が得体の知れぬ老人に親切を施してあげたら、お礼に石臼《いしうす》をくれたのです。老人いわく、「この石臼を右に回せば、欲しいものがいくらでも出てくる。左に回せば、出てくるのが止まる。止めるまでずっと出続けるから、そこは注意するんじゃぞ」

老人はそのように語って去って行きました。そこで男は早速、「米よ出ろ、米よ出ろ」と念じながら石臼を右に回してみました。すると、なるほど真っ白な米がざくざくと、臼からいくらでも出てくるではありませんか。気立ての良い男は、出てきた米を近所に分けてあげました。そんな調子で、男も近所も裕福になりました。

ここで強欲な兄が登場します。弟が石臼からいろいろなものを出しているのをそっと覗き、ああこれが長者になる秘訣だったんだなと理解しました。

強欲な兄は早速、その魔法の石臼を盗み出します。ちっぽけな船に乗って、臼を持ったまま遠くへ逃げようと沖へ漕ぎ出しました。一所懸命に漕いだので、兄はすっかり空腹になってしまいました。腹が減っては漕ぐこともできない、そろそろ持参した握り飯を食べることにしよう。食べようとしたとき、兄はふと思い付きます。「塩をつけて食べたら、もっと美味くなるぞ。せっかく臼があるじゃないか。これで塩を出してやろう」

そこで石臼を右に回すと、大変な勢いで塩があふれ出てきました。でも強欲な兄は、左に回せば出てくるのを止められることを知りません。あれよあれよと船は塩で覆い尽くされ、その重みで、船も臼も兄もたちまち海中深く沈んでしまいました。それは遠い遠い昔の出来事です。

でも今もまだ海の底の石臼は、ただひたすら、塩を噴き出しつつあります。誰も止める者などいません。だから海の水は塩辛いのです。（おしまい）

石臼は永遠に塩を産生し続けている、わたしがこうして暮らしている今現在も。それどころかわたしが死んでも、いや人類が滅びてもなお、臼は海の底からひたすら塩を噴き出しているだろう。のどかな昔話かと思っていたら、それが二十一世紀の現実へダイレクトにつながっている。不意打ちのように、そんな事実が突きつけられる。のみならず、それは永遠という時間を剝《む》き出しにしてもいるじゃないか。

とんでもなく気味の悪い話だなあと、うんざりした気分になったのを覚えている。これもまた、「一直線の永遠」の一例だろう。

不老不死は幸せか？

もうひとつ「一直線の永遠」のサンプルとして、不老不死についても言及してみたい。

小説や説話において、不老不死はある種の皮肉なテーマとして扱われる場合が多いようだ。当初は、不老不死は喜ばしい状態であると当人は考える。いつまでも若いし、死への恐怖も抱かなくて済むのだから目出度《めでた》いことこの上ない、と。

だが本当の年齢よりもせいぜい十歳くらい若く見えるのが、嬉しさの限度ではないのか。二十歳も三十歳も若く映ると、これはもはや不自然を通り越して化け物の範疇《はんちゅう》に属してくるだろう。そのうち、友人や知人も死に絶えていく。新しくできた友人だっているかもしれないが、彼らは刻一刻と老化していくわけだから、自然な関係性をいつまでもキープすることは不可能だ。

世の中はどんどん馴染《なじ》み深さを失い、得体の知れぬ騒々しいものと感じられるようになっていくだろう。たとえば平安時代に生まれた男Aが二十歳の姿のまま今も生きていたとする。Aはスムーズにパソコンやスマホの必須な世界に順応できるのか。価値観だって、あまりにも違っているだろう。いや、目の前で情報化社会の進歩発展を見てきたのだから、溶け込めるに決まっているじゃないかという意見もあるかもしれない。でも、二十歳までは「本物」の平安時代に生きてきたのである。時代の変化をリアル・タイムに取り入れていけるだけの柔軟性をどこまで持ち得るのか。胸の内には懐かしい「あの」平安時代を抱えつつ、社会の進歩と現実感覚とを上手く同調させるのは至難の業だと思われる。七十代の人間すらＩＴ社会から脱落していくのに。

遅かれ早かれAは心を閉ざしてしまいそうだ。平安時代の記憶を反芻《はんすう》しながら、今自分が生きている世界を拒み、違和感と孤独感に苛《さいな》まれながら永遠に生きていく。これは地獄と大差があるまい。

だが人類全体が不老不死になったらどうだろう。

ルーマニア出身、主にフランスで活躍した劇作家（不条理演劇で知られる）のウジェーヌ・イヨネスコ（一九〇九～一九九四）は、神経症に苦しみユング派の医師に精神分析を受けていた。そんな彼が日記の断章やエッセイなどを集めて一九六七年に『雑記帳』（大《お》久《く》保《ぼ》輝臣《てるおみ》訳、朝日出版社一九七一）という本を出している。そこに、こんな文章がある。

死なないこと。そうなればもうだれも人を憎んだりしなくなるだろう。もうだれも妬《ねた》んだりしなくなって、愛しあうようになるだろう。無限にやり直しができるようになって、時折りなにかが実現されるようになるだろう。百度に一度、千度に一度は成功が訪ずれて、数が多ければ多いほど成功の可能性が出るだろう。われわれには無限に運だめしをするだけの時間的余裕がないということをわれわれは知っている。憎しみ

はわれわれの不安の表現であり、時間が足りないことの表現である。妬みはわれわれが見捨てられはしないか、滅ぶべき人生において、すなわち、生においても死においても見捨てられはしないかという恐怖の表現である。

なるほど、そうかもしれない。ネガティヴな感情は大幅に後退し、おおらかな気持ちに満たされるようになるかもしれない。ただし、「無限のやり直し」に胡座《あぐら》をかいて人類は怠惰の沼に沈んでいきそうな気もする。

上田《うえだ》岳弘《たかひろ》による思弁的な小説『太陽・惑星』（新潮社二〇一四）では、不老不死が実現した未来社会が描かれる。そこは幸せな社会なのか？

……田山ミシェルは苛立ちを覚える。第一形態（引用者注・不老不死が実現する以前の人類のありようを指す）の先人たちが多くの犠牲を払い、大量の血を流して辿り着いたのがこの退屈なのか？　いたたまれなさに耐えられなくなると、彼は第一形態体験装置に入り、かつての人類の人生を疑似体験した。装置の中での設定は、性別、年齢、人種、境遇等がその都度異なった。その程度の設定の差で、行動の結果やそれに伴う

感情に劇的な変化が生まれることが、ひたすら楽しかった。田山ミシェルが人知れず大事にしている、自我や自分らしさといったものも、装置の中では自然な形で反映されるのだった。

やはり不老不死は、必ずしも幸福を裏書きする状態ではなさそうだ。永遠と引き換えに、わたしたちの心は潑剌《はつらつ》さを失っていくのではないのか。

絶対零度のような永遠

三番目の「永遠」は、いかなる変化も動きもなくなったいわば絶対零度のような状況である。そこではそもそも時間という概念が無くなっているだろうから、永遠がどうしたという話すら成立しないだろう。身も蓋もないとはこのことだ。死後の世界とはそのようなものではないのか、そのほうが気分的にむしろ清々すると考えている現代人も多いような気がするし、逆にそんな世界だったら一番目や二番目の永遠のほうがまだマシと考える人もいるのかもしれない。

錯覚ではあろうが、一番目や二番目の永遠には、どこか抜け道がありそうな感触が伴っている。それこそ悪魔を出し抜く方法がありそうに思えてくる。だが三番目の永遠には、もはや工夫の余地がない。全面降伏だ。

私小説作家であり眼科医でもあった藤枝静男《ふじえだしずお》(一九〇七〜一九九三)は、六十五歳の年に出版した随筆集『寓目愚談《ぐうもくぐだん》』(講談社)の「あとがき」で、ある体験について語る。

最近比較的簡単で危険のない開腹手術をするにつき全身麻酔でやってもらった。これは医者の癖に器機のガチャガチャいう音を聞くのが嫌だということもあるが、半分は好奇心で、死というものが実際にはどういう状態なのか経験しておきたかったことと、無意識になったとき自分がどんな恥ずべき譫言を言うかを識っておきたかったためでもあった。結果は、これまで何とはなしに死と生とを或る形で隣りあわせに並べて両方を実在的に考えていたのは間違いで、実在するのは生だけで、死は単なる非実在——真空、つまりあらゆる点で何にもなしということだと実感できたのは有難かった。譫言の方は残念ながら、というよりは幸運なことには手術中も手術後もウンともスンとも言わなかったので意識下に蟠居する慾望を曝露する醜状をまぬがれた。

藤枝は自己嫌悪のあまりに浄土などあってたまるかと思うような作家だから、麻酔を受けたときの「あらゆる点で何にもなし」という実感に納得がいったのだろう。七十一歳の年に上梓した随筆集『茫界偏視《ぼうかいへんし》』に収録された「泡のように」では、「私自身は、怠惰な医学生でもあったし、慈悲深い医師でもなかったし、また今更じたばたしてもおそい。せめて、死んだらすぐ眼球は摘出して移植用に眼球銀行へ、残った死体は学生実習用として大学に運んでフォルマリンの池に放りこんでもらうつもりである。したがってお通夜に来てもらっても私の死骸はない。毛髪だけ故郷の代々之墓の下に入れてもらうつもりである」と書いている。

わたしは手術を受けた経験がないのだけれど、五年くらい前に胃カメラを挿入するとき、どうしても素面《しらふ》では飲み込めず、担当医に懇願して静脈注射で短時間昏睡状態にしてもらったことがある。

薬液が半分くらい入ったところでいきなり意識がなくなり、再び意識が戻って目を開けたときには、検査はすべて終了していた。意識を失っている最中はまさに完璧な闇で、闇とはいうもののそれはあくまでも言葉の綾《あや》であり、闇そのものを実感していたわけではない。ただし闇としか言いようがない。

高浜虚子《たかはまきょし》の代表作のひとつに「去年今年《こぞことし》貫く棒の如きもの」がある。この棒とは、日々の生活を営んでいく上で感ずるさまざまな手応えとか、時間が経過していく実感といったものを意味しているのではないかと思う。そしてたとえば夜にベッドへ入り翌朝に目を覚ます——そんな普段の睡眠において、やはり「棒の如きもの」は何となく感じているだろう。夢など見ることなく熟睡したとしても、眠りに落ちる直前と覚醒した時点とがいきなり直結して戸惑うことなどあるまい。それなりに眠りを「営んだ」という感覚に身も心も満たされている筈だ。それはまさに「棒の如きもの」だろう。

しかし静脈麻酔を受けた際は、「棒の如きもの」はなかった。検査を受けていた時間（それは流れというよりは、時間の厚さとでも表現したくなる）は、心身の感覚においてまったく欠落していた。目の前が真っ暗になり何もかもが欠落してしまうわけだから、これはやはり闇とでも表現するしかあるまい。

この闇に永遠に沈んでも、不安も悲しみも無念さも生じない。その代わり、喜びとも嬉しさとも快楽とも無縁になってしまう。潔い最期にも思えるが、「室内を片付けるのが面倒なので、家に火を放ってすべてを灰にしてやった。スッキリしたぜ！」的な粗野な印象をわたしは受けてしまう。だから正直なところ、三番目の永遠も気が進まない。困ったことである。

輪廻転生、生まれ変わり

永遠を考える際に、言及すべきものがもうひとつあった。輪廻《りんね》転生《てんしょう》や生まれ変わりというやつである。

宗教によって輪廻転生にはいろいろな考え方があるようだが、いずれにせよ生死に対してそれなりの意味づけをしたいとか、死後の永遠に対して何らかのストーリーを付与したいといった願望が根本にありそうな気がする。当然のことながら説話のレベルから小説、映画、アニメに至るまで輪廻転生を扱った物語は多い。

個人的には漫画家の杉浦日向子《すぎうらひなこ》(一九五八〜二〇〇五)が雑誌『月光』の一九八五年六月号に発表したわずか六頁の作品「白犬」が、輪廻転生ものとして忘れ難い(この作品は単行本には未収録だったが、現在ではちくま文庫の『YASUJI東京』で読める)。内容を紹介してみたい。

まず扉絵に添えて以下のような文が示される。

「むかし、／和泉の国境のあたりにある寺に／聡明で美しい少年僧がいた。誰もがその人柄を愛したが、／なぜか彼は『白犬』と呼ばれていた。」

和尚に向かって、少年僧はどうして自分が「白犬」などと呼ばれるのだろうかと尋ねている。そこで和尚は、「お前も十三に／なったことだし」と説明を始める。

「お前の生れる前／寺に白い犬が／住みついておった。たいそう／念仏の好きな犬で／毎日本堂の縁の下で／読経に聞きほれていた。」

「皆に可愛がられておったが／ある年の暮、寺でついた／餅を与えたところ／喉につまらせてポックリ／死んでしまった。

石燈籠の脇の小さな塚が／その犬のものだ。」

以上の伏線が示され、和尚は語り続ける。

「お前が／まるで前世から／知っていたかのように／念仏を暗唱し／皆がうまいといって／食べる餅を、決して／口にしようとはしないから。／誰ともなくあの犬のことを／思い出したのであろう。」

ここで和尚は、餅を食べさえすればもう誰もお前を「白犬」などとは呼ばないだろうと言い、少年僧の前に、親切にも餅を供する。

ところがどうしても彼はその餅を口にできない。ポロポロと涙を流しながら、少年僧は「私は、／やはり、／犬です。」と答える。その場面が描かれたコマでは、逆光のため彼は真っ黒なシルエットとして描かれ、ただならぬ雰囲気が充満した絵になっている。

「彼は、ふいと／席を立つと

それきり／帰らなかった。」

と餅の置かれた膳の他は空っぽな座敷が描かれ、

「白犬の塚だけは／今でもその寺にある。」

というナレーションによって話は終わる。

この小篇は、ささやかな衝撃をわたしに与えた。が、なぜ衝撃的なのかを上手く説明できない。今あらためて漫画を読み直してみたが、やはり深く訴えてくるものがある。いったいこの作品で語られているのは本当に犬から少年僧への「生まれ変わり」なのか。いや、念仏が好きで読経に聞き惚れる犬自体が、何者かの生まれ変わりでないのか。そして姿を消した少年僧はどうなったのか。どんな数奇な運命が待ち受けていたのか。いずれにせよ彼はとっくに亡くなっているはずで、そうなるとまた犬か人間かあるいは別な生き物に転生したのか。そして別の姿で今現在も生きているのか。

たった一人で不老不死になれば孤独感と寂寥《せきりょう》感で押しつぶされそうになるに違いないわけだが、生まれ変わりもまた孤独や寂しさに満ちているものなのか。

生きる切なさとか、運命の酷薄さがひしひしと迫ってくるようで、すごい作品と出会ってしまったと思わずにはいられなかったのだった。


さて輪廻転生においては、死後の世界とは別の人生、さもなければ別の生き物の世界ということになる。事故死した屈強なプロボクサーが、別な国で女性に生まれ変わりバレエのプリマドンナになり、亡くなったあとに今度は男性として生を享《う》け宮大工になる、とか。さもなければ食用の牛となってハンバーガーになったり、モグラになって一生を土の中で過ごしたり、鸚鵡《おうむ》になって意味も分からず人の言葉を真似てみたり。そんな調子でいろいろな生き物に変身していくのか。

どんな「生」であっても、相応の苦しみや辛さが伴うだろう。そのようなものが、生まれ変わるたびに手を替え品を替え纏《まと》わり付いてくる。それが永久に続くとしたら、これはもはや呪われているとしか思えないではないか。一番目の永遠、すなわちエンドレスかつループを描く永遠のバリエーションに過ぎない気がする。ただし仏教では、ループ（六道輪廻）から逃れるのがすなわち解脱としている。解脱すれば浄土＝悟りの世界に行ってゴールインとなるようだけれど、そこから先にはやはり永遠が待っている。煩悩などには煩《わずら》わされないらしいが、そんなデオドラントな世界は気が進まない。それは三番目の永遠と大差があるまい。

永遠について考えていると、げんなりしてくる。そして気味が悪くなってくる。

第3章

見知らぬ世界

「あの世っぽい」とは?

死後の世界を見た人は誰もいない。臨死体験をした人が垣間見た《かいまみ》と主張しても、それはむしろ夢や幻覚に近いものではないのか。

デイリーポータルZというウェブ・サイトがある。どうでもいいが気になること、くだらない思いつきや馬鹿げた疑問を深掘りしたり実証したりしてみせる――そんなコンセプトの記事を毎日複数のライターが文章と写真で発表するのである。本気度が高いので、感心したり呆れたりと楽しめる。そのサイトで、なぜか「あの世っぽい風景」の写真を閲覧者たちに募ったことがあった。十年以上前のことである。それなりの数が寄せられ、なるほどどれも「あの世」っぽいのだ（現在も閲覧可能）。

ではどんな写真があの世っぽいのか。まず、人影は写っていない。風景の一部は細部まで過剰にクリアであるが、遠景は霞《かすみ》や霧で消えていて、その落差に奇妙さが宿っている。曼珠沙華《まんじゅしゃげ》の群生とか、地蔵の頭巾や太鼓橋の欄干《らんかん》などの赤が異様にどぎつく撮れている。全体に静謐《せいひつ》だけれど、どこか油断がならない。と、そのような写真がすなわちあの世っぽさを醸し出しているのだった。

さらに赤外線写真だと、ことさら場所を選ばなくてもこの世ならざるトーンになる。そもそもヒトの目では感知できない赤外線が画像に写し取られているのだから、現実離れしても当然だ。基本的に赤外線写真はモノクロ画像なのだが、青空や水はほぼ黒く写る。雲や靄《もや》、遠景などが不思議なほど鮮明に浮かび上がり、木々の葉や草は真っ白になる。白黒を反転した写真ではなく、明らかに人間以外の生物の目（あるいは死者の目?）に映った風景となるのだ。

つまりイメージとしての死後の世界は、それを見つけ出すのはそう困難ではない。また少なくとも日本人に共通したあの世のビジュアルがある。臨死においては、そうしたものが脳内へ予定調和的に映し出されるのかもしれない。

というわけで、いよいよ（ホンモノの）死後の世界は得体が知れなくなってくる。ときには「されど死は水羊羹の向かう側」（セレクション俳人6『櫂未知子《かいみちこ》集』邑《ゆう》書林二〇〇三）と暢気《のんき》に構えていられることもあれば、不意打ちのように「夜桜の奥は十万億土なり」（斉田《さいだ》仁《じん》『異熟《いじゅく》』西田書店二〇一三）と圧倒されることもある。

もちろん死んでみれば、あの世がどんなものかは分かるだろう（いや、感受性や思考能力が残存していればの話だが）。わたしたちは死のうと思えばすぐにでも死ぬことは可能だから、すなわちあの世は目と鼻の先に存在していることになる。その生々しさと非現実感との混交が、死後の世界をまことに薄気味悪いものにしている。

丹羽文雄の短篇小説に「彼岸前《ひがんまえ》」という作品がある（『彼岸前』所収、新潮社一九八〇）。老夫婦の心中を扱った話だが、一家心中を扱った小説では永井龍男《ながいたつお》の短篇「青梅雨《あおつゆ》」（一九六五）がそのクールな筆致で有名である。だが丹羽の容赦ない書きっぷりも、もっと世間に知られてよさそうな気がする。

老夫婦のうち、夫は有暁（74）という日本画家だが、文面からは有暁というのが姓なのか名なのか雅号なのか判然としない。痩せていて、真っ白な髪は短く刈っていた。皺《しわ》が目立ち、いささか精彩を欠く。妻（60）は後妻で、夫よりも背が高く、ふくよかな身体つきをしている。有暁と一緒になってから娘を一人産んだのだけれど、その娘は数年前に病死している。

有暁は日本画家として相応の技術を持ち合わせていたものの、芸術家としては凡庸であった。伝統的パターンから抜け出せていない。「昔は、深水や龍子らと、いっしょに出品していたものです」などと懐古するけれど、もはや画壇からも世間の流行からも取り残されている。処世術にも欠け、結果として生活にも困っている。近頃では聊斎志異《りょうさいしい》の一場面を絵に描いて、知り合いに買ってくれと頼んだりしていた。有暁なりのプライドもあった筈《はず》だから、不本意な日々であっただろう。

近いうちに夫婦で四国巡礼に出るつもりだ、などと語っていた有暁は、しかし巡礼には赴かずに妻と心中をしてこの世を去った。

では彼は、どのようにして死ぬ意志を表明したのだろう。

「私は死にたい」

あるとき、有暁が細君にもらした。すると、細君がふかい調子でうなずいてみせた。

「わかっておりました」

「わかってくれるか」

有暁の顔に、ほっとした色が浮かんだ。

人生にうんざりし、生きていく意欲を失った夫の気持ちを妻はとっくに察していたというわけである。一人娘を失ったことも、厭世観《えんせい》を強めていた筈だ。

妻はまだ六十歳、しかも健康である。有暁は自分だけで死ぬつもりだった。妻は妻なりに、天寿を全うすべきである。だが彼女は、落ち着いた口調で「私もひとりになってまで、生きていたいとは思いません」と言い出す。

「お伴させて下さい。それが夫婦であったことの、いちばんやさしい思い出となりますわ」

「こわくはないか」

細君が首をふって、笑った。有暁には、死の恐怖がなかった。感じる力がなくなっていた。いつの間に妻が死の誘惑に負けていたのか、それが意外だった。夫婦というものは、そこまでの誘いも許し合えるものだろうか。

読者諸氏の中には、こうした夫婦の有りように違和感を覚える人もいるかもしれない。だがこの小説が『群像』に発表されたのは一九七四年であり、作中の設定はおそらく六〇年代であったろうことに留意していただきたい。現代の感覚とはいささか異なるのである。

心中は、亡き娘の墓前で行うことにした。決行の日取りも決め、あとは普段通りの生活を二人は送った。いや、妻の表情はむしろ明るかった。

「たのしいことのようだね」

「たのしいといっては、申訳ありませんけど、それ以外にいいようがございません」

その後、五日間、有暁夫婦はいつものようにくらした。有暁はせまい画室にはいって、「聊斎志異」を読み、絵柄を考え、絵に描いた。妻は炊事や雑用にかまけていたが、夜になると、妻はあまり使わない上等の、すこし大きめの二枚の風呂敷で、二個の袋をつくった。派手な柄のは、女用とした。

「死顔をさらすのは、嫌ですから」

妻は出来上った布袋を、頭からかむった。余裕をつけておいたので、窮屈でなく、大きすぎることもなかった。妻は袋をかむって、しばらくそのままにしていた。あの世をながめているようであった。

「見えるかい」

「はい」

ひと心地が戻ったように、妻は袋をぬいで、微笑した。

布袋をすっぽり被っている妻と夫の、「(あの世が)見えるかい」「はい」というやりとりは、ひたすら怖い。そもそも頭から袋を被って静かに座っている妻、というシーンだけでも怖い。

彼女には何が見えていたのか。闇そのものを、悟ったような気分で見ていただけなのではないかとわたしは思ったのだけれど、あえて心中を決行するといった状況に鑑みれば、意外にも河鍋暁斎《かわなべきょうさい》の「地獄極楽めぐり図」(一八七〇頃)あたりを思い浮かべていたのかもしれないと考え直した。

六日目の夕方、すでに墓参の人影もなくなった多磨墓地を夫婦は訪れた。店を仕舞おうとしていた花屋から花を買い、亡くなった娘の墓へ辿り着く。掃除をして墓石に水を掛け、線香に火を点《つ》けると墓地にはたちまち夕闇が下りてくる。無言のまま二人は蹲《うずくま》り、墓に手を合わせる。

……有暁が立ち上ると、妻が提からビニールをとり出して、敷いた。そこはコンクリートの蓋になっていて、下は穴ぐらで、骨壺がしまわれていた。有暁が靴のまま腰を

折った。細君も坐った。

「紐は持って来たろうね」

「はい」

有暁の膝頭が、細君の腰のところに触れた。やわらかくて、ずしりとしていた。手提から、しごきを四、五本とり出すのを、有暁はながめていた。新しいのや古いのがあった。

「私といっしょに死んでくれて、ありがとう」

出しぬけに有暁がいった。頭を下げた妻が、

「お伴させていただきます」

と、答えた。

持参した紐で、二人は互いの身体を一緒に縛った。妻は夫よりも大柄なので、子どもと母とが抱き合うような体勢となったと思われる。有暁がまず布袋を被《かぶ》り、それから彼は手探りで妻の頭にも袋を被せる。夫は二包の毒薬を用意していた。どこから入手したのか、絵の具の顔料には猛毒もあるらしいのでそれだったのかもしれない。まず有暁が布袋を少しめくり上げ、「風邪薬でものむように」口に入れる。妻も服毒し、そのときには夫は「妻のからだにしがみついていた」。

毒を飲み下した夫婦は、無言のまま身じろぎもしない。頭から被った布袋の内側も外側も、黒い闇が支配している。

……激痛に襲われたのは、妻の方が先だった。妻は叫びをあげると、有暁を押しのけた。手にあたるものをわしづかみにして、のけぞった。そのとき、有暁にも断末魔が来ていた。二重にまかれたしごきは、夫婦のからだをひきちぎるようにしめつけた。たがいに相手を押しのけようとして苦悶した。が、布袋は顔から外れなかった。しごきは切れなかった。妻は娘の骨のある穴ぐらの上に仰向けとなり、その上に有暁の小さいからだがかむさるようにして、息絶えた。鳥の啼《な》くような絶叫があったが、闇がすぐのみこんだ。あとは風もなく、暗くて、死んだような墓地の静寂であった。

——夫婦は娘の墓前で、きれいに死んでいた。二人は抱きあい、ふろしきで顔をつつんでいた。落着いた死に方であった。

と、新聞は報じていた。

これはもはやホラーそのものではないか。悶え苦しむ妻にとって、「あの世」がどんな場所なのかなど、もはやどうでもよくなっていたに違いない。さっさとこの激痛から、苦悶から逃れさせてくれればどんな世界でも構わないからそこへ逃げ込みたいとひたすら願っただろう。そう、あの世がどうしたなどと想像していられるのは、まだまだ心身に余裕があるうちなのである。

死後の世界、三つに分類すると

わたしは多少込み入ったことを考える際には、テーマをまず三種類くらいに分類し、そこから思考を進めて行くといった癖がある。そこで死後の世界についても、とりあえず三つに分けてみたい。

最初は、通俗的な（あるいはステレオタイプな）死後の世界である。もちろん無とか空虚も、ある意味ではまことに通俗的な「あの世」のありようだ。が、それでは無愛想過ぎるので、もっと形のあるものを想像してみたい。

現在、我が家で飼っている猫は二代目で、初代は既に病死している（どちらも三重県松阪の山中にある寺の境内から拾ってきた)。妻の膝の上で亡くなり、深大寺《じんだいじ》の動物霊園で火葬してもらった。灰はあえて合葬(猫も犬も兎も鳥もハムスターその他もすべて一緒)にしてもらった。猫にとっての極楽や天国があるのかどうか知らないけれど、わたしとしては、亡くなった「なると」(ナルシストの略)が鳥獣戯画《ちょうじゅうぎが》の世界に入り込み、他の動物たちといつまでも楽しく遊びつづけてくれれば嬉しいと考えたからである。

ではわたし自身はどうか。広重が描いた「東都《とうと》名所高輪廿六夜待遊興之図《めいしょたかなわにじゅうろくやまちゆうきょうのず》」という浮世絵がある(ネットで検索すれば、簡単に鑑賞することができる)。旧暦七月二十六日の深夜、霊験のある二十六夜月を海の向こうに眺めるために人々が大勢繰り出す光景が版画となっている。その中に、屋台の串団子を美味そうに食べている町人がいる。いかにも屈託のない表情をしている。当方も版画の中にするりと同化し、その町人と一緒に団子を頬張りながらそれを死後の世界と定めたい。いわゆる地獄極楽絵図にある地獄はさすがに遠慮したいし、極楽は退屈そうだしそもそも受け入れて貰えそうにない。浮世絵に描かれた賑わいの中こそが、理想の「あの世」だ。

多くの人たちも、地獄よりは極楽浄土が望ましいものの、あまりにも上品で行儀の良い極楽や天国にもちょっと馴染《なじ》めないといったところではあるまいか。

森敦《もりあつし》（一九一二〜一九八九）に「浄土」という短篇小説がある（『浄土』所収、講談社文芸文庫一九九六）。作者は長崎県生まれだが小学生の頃は韓国の京城にある日本語学校に通っていた。日本の統治下にあった時代である。その時の思い出を綴《つづ》った作品で、森少年は二人の同級生（どちらも女の子）とピクニックに出掛けるのである。

ようやく東大門が現れて来た。荒廃しているだけにとても大きく思われた。東大門を過ぎると青草の野原になり、これも青草に覆われた土饅頭《どまんじゅう》が見えて来た。と思うと、やがて到るところが青草に覆われた土饅頭になった。空は澄み渡って、青草も靡《なび》かぬほどのそよ風が吹いていた。二人の女の子が小さなバスケットを開くと、どちらも持って来たのはサンドウィッチで、みなでやりとりして楽しく食べはじめたが、微かに慟哭《どうこく》の声が聞こえる。

あちこちに死者の埋葬された土饅頭があり、しかしそれも含めてすべてが青草に覆われ、そこでピクニックと洒落込《しゃれこ》むのはなかなか楽しそうだ。

「なんだか向こうで泣いてるようね。やっぱり泣いてるんだわ」

吉川という女の子がそう言うと、大谷という女の子が答えた。

「だって、ここお墓でしょう。こっちのひとはお墓参りのとき、ああしてみんなで泣いて上げるのよ」

慟哭の声はそのままそこに止まって近くなるわけではないが、だんだん大きくなって来るようである。しかし、しばらくするとそれも止み、みなでまた楽しくサンドウィッチを食べはじめたが、大谷という女の子が、

「見て。みんなで泣いてもらったんで、お墓の人が喜んでひらひらと踊ってるわ」いくつとない土饅頭の向こうで、ほんとにチマチョゴリの女たちが踊っているのが見える。「唄も聞こえるじゃないの。まるでお浄土のようね」


まあ確かに浄土というのには、そのようなイメージがある。

立松和平《たてまつわへい》（一九四七～二〇一〇、本名は横松和夫）の短篇「盂蘭盆《うらぼん》」を、ここで紹介してみたい（『晩年』所収、人文書院二〇〇七）。

旧暦七月十五日の盂蘭盆のために、宇都宮の実家へ「私」が帰省する話で、とくにストーリーとしての起伏はない。ただし真っ昼間の墓参りにおいて、母が亡き父と墓石の前で会話を交わす場面がなかなか興味深いのである。死者である父の声が聞こえるというのは、もちろん母や「私」が勝手に（しかし、しみじみと）そのように空想しているだけである。

……母は先に墓地のほうに歩いていき、私は水道の蛇口をひねって手桶に水を汲んだ。プラスチックの手桶には、石材店の名がはいっていた。汲みすぎた水をこぼさないようにして私が歩いていくと、母は父と話していた。父の姿は見えなかったのだが、私にはよくわかった。

「無事に暮らしているようだね」

穏やかな父の声が光の中に染みるようにして響く。

「おかげさまで。お迎えがいつきてもかまわないんですけど、なかなかきてくれないもんだから」

母は私がそばにいるのもかまわず、はっきりと声にだした。

「あわてることもないさ。いつかは必ずそうなるんだから」

「向こうの暮らしはどうですか」

「どうということもないさ」

「それじゃちっともわかりませんよ」

「千年一日のごとしというのかな。暑さ寒さもなくて、飢えることもないんだが……」

「どうしたんですか。つまらないんですか」

母は父の言葉の中に分け入っていこうとしたようである。

「お前は相変わらずせっかちだなあ。つまらないということはないが、一言でいえるわけでもない。どうせこなくちゃならないんだから、大きく構えていればいいんじゃないか。君のように正直に生きた人間は、悪いようにはされない。実にうまくできているよ。せっかく遥々ときたんだから、さあ久しぶりに家にいこうか」

「せっかちですね。お墓のお掃除して、お花とお線香をあげてからですよ」

それにしても、父による「あの世」の説明はまことに面白いではないか。ちっとも具体的なことは言わない。が、「君のように正直に生きた人間は、悪いようにはされない。実にうまくできているよ」といった台詞の、いい加減でありつつもどこか安堵《あんど》感を覚えさせる頼もしさ。わたしたちの多くは、このようなレベルの認識に甘んじつつ、「されど死は水羊羹の向かう側」とばかりに生きていく。それが精神衛生上はベストである気がする。

宗教観に左右される

ところで死後の世界のイメージは、当然のことながら宗教観に左右される。そうした点に鑑みて、本章においては海外の小説や映画などは取り上げないつもりでいたのだが、『奇蹟の輝き』というアメリカの長篇小説があることを思い出した。作者はリチャード・マシスン。小説は一九七八年に刊行され、翻訳は尾之上浩司《おのうえこうじ》で一九九九年に創元推理文庫から出ている。また同タイトルで一九九八年には映画版が公開されている（翌年に本邦で公開）。ロビン・ウィリアムスが主演し、アカデミー視覚効果賞を受賞している。映画版は設定に原作と多少の違いはあるものの、ストーリーはほぼ同一である。

この小説に触れておこうと思ったのは、天国と地獄をかなり具体的に描写しており、またそれがいかにもステレオタイプな想像力に基づいているからである。

ストーリーについて述べておくと、主人公のクリス（小説では脚本家、映画では小児科医）は妻と子どもたちを残したまま交通事故で亡くなってしまう。彼は天国に行き、そこはまさに素晴らしい世界だった。ところが妻のアンは夫を失った悲しみに耐えきれず自殺を遂げてしまう。理由の如何《いかん》にかかわらず、自殺者は地獄へ召される。それを知ったクリスは、地獄まで妻を助けに赴く。最後には愛の力で全てが上手く収まるといった態《てい》の話で、小説はどこか説教臭い。映画はディズニーランドのアトラクションのような感触があり、わたしとしてはいくぶん感動ポルノめいた印象を拭えなかった。

小説では、天国はどのように描かれているだろうか。クリスが天国で目を覚ます場面である。

目をあけて上を見る。頭上には緑鮮やかな枝葉が広がり、合間から青空が見えた。霧の気配はない。空気は澄んでいた。ひとつ深呼吸する。大気はひんやりとして、元気づけてくれる匂いがした。穏やかなそよ風が顔を撫でていく。

上体を起こし、周囲を見渡した。小さな茂みに寝ていた。座っているそばには、木の幹が一本。手をのばし表皮に触れてみた。なにか——エネルギーのようなものが、幹から発せられている。

手をおろして芝を触る。洗ったようにきれいだ。芝の葉を押しわけ、地面を調べた。

土は葉色に対する補色に染まっていた。いかなる種類の雑草も見えない。

それからふと、地面に影がないと気づいた。ぼくは木の下に座っていたが、それでも影はない。わけがわからず、太陽を見た。

（中略）

空にはなにもなかったんだよ、ロバート（引用者注・ロバートはクリスの兄。小説全体が、霊媒に代筆させた手記を通してクリスが兄に語りかける形になっている）。太陽がないのに明るかったのさ。面食らって周囲に目をやった。光に目が慣れるにつれ、いまいる場所が遠くまで見渡せるようになった。こんな風景はいままで見たことがなかったよ。草地や花や木々におおわれた、緑あふれる魅力的な遠景が広がっていた。

うっすらと非現実感が漂っている。本来ならば、これは気味の悪い、さもなければ胡散《うさん》臭い世界ではないのか。が、ネガティヴな感情が起きてこないところにこそ、天国の証《あかし》を見るべきなのだろう。

案内人が登場して、クリスにあれこれと説明してくれる。ここは天国なのかと問うと、「天国《ヘヴン》、故郷《ホームタウン》、収穫場《ハーベスト》、常夏の国《サマーランド》」と答え、「どれでも、好きな名前で呼んでくれ」と陽気に付け加える。

天国に来た者には家が与えられるが、嬉しいことに自分が望んだ通りに仕上がってゆく。ただし塀も柵もなく、ドアもなく、窓は枠だけで素通しになっている。天国に悪人はいないし、悪天候もないので必要がないという。それどころかキッチンとバスルームもない。天国の住人には飲み食いは不要だし、したがって排泄もしない。身体が汚れることもないからだという。読者であるわたしとしては、次第に天国なんて退屈なところだなと思いたくなってくる。どうせ性欲なんて存在しないのだろうし、食欲も無関係な場所なんて楽しいものか？

天国についての説明はそれなりに理屈が通っているが、筋がきちんと通っているぶん、何だか身も蓋もない世界に思えてくる。わたしたちが現世で味わう喜びや楽しみには、どこか邪悪な部分やおぞましい部分、倫理的に矛盾した部分が隠し味として必要であったことが分かってくる。極端なヴィーガンたちや尖鋭《せんえい》的な環境保護思想にも似た感覚が天国に漂っているようで、当方としてはこんな場所よりはやはり「東都名所高輪廿六夜待遊興之図」の猥雑な光景の中で串団子を頬張っていたい。

映画では、天国がまるで油絵で描いたような、つまり筆づかいがそのまま残っているような、そして十九世紀の絵画（ラファエル前派あたりか）めいたタッチで描かれる。四半世紀ばかり前に制作された映画であり、メイキング・フィルムを見ると、ＣＧを作成する際のモニターはブラウン管の小さなものである。当時としてはなるほどかなり頑張った映像ではあった。

では地獄のほうはどうだろう。あえて言うならマッドマックスの世界といったところか。映画の一シーンでは亡者たちが立ったまま隙間なく泥に埋められていて、顔だけが、上を向いた状態で泥から露出している。無数の顔が泥地一面に、まるで玉砂利みたいにみっしりと敷き詰められているとか、まあ印象的なのはその程度だ。地獄こそ映像の威力をたっぷりと示せるだろうに、手を抜いた気配があるのが残念である。

小説での描写を紹介してみよう。

ざわめきが聞こえた。

共謀の相談中なのか、大きな丸石のうえで頭を寄せあっている一群がいた。地べたや岩場で、悲鳴や嬌声をあげながらまぐわう者たちがいる。たがいを叩き、喉を絞めあい、石で殴りあう者たちもいる。叫びや怒号や呪いの言葉が塊となっている。這い、

顔をしかめ、身をよじり、ひきつらせ、よろめき、ぶつかり、激しく動く者たちが、クレーターの底にあふれていた。

さらに、ざわめきが聞こえた。

煙った薄暗がりに目が慣れ、なにやら邪悪で残酷なことや、暴力を犯す機会をもとめて——というのはぼくの推測でしかないのだが——耳障りな声で会話しつつ身を寄せあって移動する、類人猿のような姿の一群が見えてくる。

これが地獄の光景なのか。わたしは新宿歌舞伎町の夜の情景かと思った。

異様な喧噪にまぎれていた物音の正体に気づき、気絶しそうになったぼくは、不意に絶叫した。

それは蠅のざわめきだった。

何百万匹という蠅の。

この場にいる者全員の身体を、蠅の群れがおおっていたのだ。顔にも蠢いている。目の端にとまり、激しく口を出入りしている。

こんな程度なら、日本の地獄絵巻のほうがよほど迫真的だろう。大真面目に天国や地獄を描出するというミッションには、少なくとも現代人にとっては、何やら想像力を萎縮させるような要素が伴っているような気がしてならない。ある種の気恥ずかしさのようなものだろうか。あの世を描くには、よほどの「ふてぶてしさ」が精神に必要と思われる。

現世と微妙に異なる「あの世」

第二の「あの世」は、一見したところは現世と酷似しているものの、実際には微妙に(だが決定的に)異なった世界である。あまりにも似ているので、死者はしばしば自分が死んだことに気付かなかったりする。

マシスンの描く天国や地獄も現世とさほど大差がないように思われる部分が多いけれど、少なくとも作者本人は差異のほうに重きを置いているのではないか。

現世と酷似したあの世、というイメージは、たとえば既視感とか未視感、離人症状、現実感の喪失といった経験に近接しているように感じられる。すると死後の世界は日常と薄膜一枚で隔たっているだけ――そんな想像とも合致してくるだろう。

作家のポール・オースターがラジオで行った「ナショナル・ストーリー・プロジェクト」という企画がある。リスナーたちに「物語」の投稿を求め、それをオースター自身がセレクトして番組で読み上げるというものだった。ただし物語は実話であり、その人にとって忘れ難い大切なものでなければならない。

そのあたりについては、後に『ナショナル・ストーリー・プロジェクト』という本に纏《まと》められたとき（邦訳は柴田元幸《しばたもとゆき》、他。新潮社二〇〇五）に添えられたオースターの前書きに明記されている。「物語を求めているのです、と私は聴取者に呼びかけた。物語は事実でなければならず、短くないといけませんが、内容やスタイルに関しては何ら制限はありません。私が何より惹かれるのは、世界とはこういうものだという私たちの予想をくつがえす物語であり、私たちの家族の歴史のなか、私たちの心や体、私たちの魂のなかで働いている神秘にして知りがたいさまざまな力を明かしてくれる逸話なのです。言いかえれば、作り話のように聞こえる実話。大きな事柄でもいいし小さな事柄でもいいし、悲劇的な話、喜劇的な話、とにかく紙に書きつけたいという気になるほど大切に思えた体験なら何でもいいのです。いままで物語なんて一度も書いたことがなくても心配は要りません。人はみな、面白い話をいくつか知っているものなのですから」。

本には一七九の物語が収められているが、その中に「天国」と題された話が載っていた。今では七十五を過ぎた婦人（ニューメキシコ州在住のグレース・フィクテルバーグ）が、六歳のとき、ブロンクスに住んでいた頃の思い出だ。

彼女には八つ離れた姉がいた。その姉が同じアパートの三階に住む友人の家で仲良く宿題をするというので、彼女も付いて行った。でもしばらくすると退屈になり、騒いだり暴れた。すると二階に住むおばさんが五月蠅《うるさ》いと怒り出し、天井を棒で突き上げてきた。それを無視して相変わらず騒いだり暴れていると、遂に二階のおばさんは「今からそっちに行ってやる！　うんと思い知らせてやるよ！」と怒鳴った。本気で腹を立てているらしい。

彼女と姉、その友だちの三名は青ざめた。ヤバイ！　と思ったわけである。声をひそめ、おばさんが上がってくるのではないかと耳を澄ます。三人の子どもたちは、とにかく逃げようと決めた。ただし下に行くには二階のおばさんの家の前を通らなければならない。いくら何でもそれは恐い。そうなると上に逃げるしかない。四階、五階、六階と階段を駆け上がる。最後に鉄のドアにたどり着き、それを開けるとアパートの屋上だった。

屋上なんて場所に、彼女はそれまで行ったことがなかった。屋上という概念すら持っていなかった。だからそこは妙に開放的であるにもかかわらず素っ気ない場所としか思えなかった。だがそれどころではない。ぐずぐずしてはいられない。大胆にも子どもたちは、屋上から屋上へと飛び移り、よその建物の鉄のドアを開けて階段を下り、やっと逃げ出すことに成功したのだった。

外に出ると、そこは一度も来たことのない界隈でした。どうしてだか今でもわからないのですが、歩道に下りたとたん、わたしはそこが天国だと思い込んだのです。ああ、天国に来たんだ、と思いました。あたりを見回すと、驚いたことに、わたしたちと同じような子供たちが普通に縄跳びをしていて、何もかもが元いた世界と一緒でした。天国なのに何もかも一緒ということが、わたしには不思議でなりません。角を曲がると、お店が並んでいて、買い物袋をかかえた人が出たり入ったりしていました。わたしはますますびっくりしました。「天国ってこんなところだったんだね」と姉に言いましたが、姉は聞いていませんでした。四つ角を越えるたびに、驚きはますます大きくなりました。階段をのぼって屋上を飛び越えたせいで天国に来たんだ、そうわたしは思いました。自分と同じような子供たちが遊んでいるところだとわかって、嬉

しくてしかたがありませんでした。そのうちに角をまた一つ曲がると、ひょいとわたしたちの家のある界隈に出ました。「どうしてうちの近所と天国がつながってるの?」と姉にたずねましたが、姉は返事をしませんでした。わたしをアパートの中にひっぱっていき、「いいから黙るのよ」と言いました。

このことを、わたしはずっと誰にも話しませんでした。自分ひとりの胸に、大切にしまってきました。あれはたしかに天国だったと、心の底から信じていたのです。

幼かった彼女が屋上を経由して自宅の近所へ舞い戻ったとき、おそらく、萩原朔太郎《はぎわらさくたろう》の『猫町《ねこまち》』で馴染みの町へ普段とは反対側から足を踏み入れたことによって猫の町という幻想が立ち上がったのに近い現象が起きたのだろう。見慣れて退屈な筈の界隈が、何かの拍子に違和感を帯び、その結果そこが別の世界に錯覚されるケースは稀《まれ》ながらもあるに違いない。その際に、そこを天国だと直感してしまうところに、彼女なりの純真さや現実肯定感が析出しているように思えてわたしは心が和むのである。

わざわざ『奇蹟の輝き』にあるようなわざとらしく不自然な天国なんかを作らないでも、今の世界から邪悪さや意地悪さや自己中心的な心性を払拭したものを想定して、それをそのまま死後にスライドさせればそれで天国は十分に成立するのではないだろうか。

現世と死後の世界との中間段階

二〇二四年に、Netflixで『パレード』という映画が制作・配信された。監督は藤井道人《ふじいみちひと》。長澤まさみやリリー・フランキー、坂口健太郎や寺島しのぶ等が出演している。ストーリーおよび設定を紹介してみよう。

大地震と津波が生じた直後。主人公の美奈子は浜辺に倒れている。周囲には災害で生じた瓦礫《がれき》が散乱している。やがて彼女は目覚める。一緒にいた筈の一人息子が見当たらない。慌てて美奈子は七歳の息子を探しに町を目指す。家々は倒壊し、電柱も斜めになり、未曽有の災害であったことが分かる。消防隊や救援の人々が、怪我人を救助している。美奈子が彼らに声を掛けても、まったく無視される。避難所に入ると、多くの被災者たちでごったがえしている。彼らもまた、彼女の声掛けを無視する。いやそれどころか、彼らの身体に触れようとしても、触れることができない。

ここで美奈子は、自分が透明な存在になっていることを悟る。でもそれについて相談する相手などいない。息子の姿も見えない。

やがて亀裂だらけの道路で、ワンボックスカーに乗った青年に呼び止められる。彼だけは、透明な存在である美奈子を認識できるらしい。青年の車に同乗させてもらい、彼女は奇妙な場所に連れて行かれる。そこは木々が疎《まば》らに生える草原に打ち捨てられた、ちっぽけな遊園地跡だった。災害の前から、既に荒廃している。ゴンドラが十二基しかない錆《さ》びた観覧車、朽ちかけたメリーゴーラウンドなどが点在している。夕刻で、見捨てられた遊園地はノスタルジックでもあり切なさと不安感とが混ざり合ったような超現実感に彩られている。どうやら電気は通じているようで、イルミネーションだけが夢の中の光景のように美しく輝いている。ドリンクや軽食を提供するスタンドがあり、中年の女性が働いている。廃園の筈なのに、数名の男女が集まって楽しげに過ごしている。

彼らは全員が、亡くなった者たちであった。そして美奈子もまた同様であった。では死んだのになぜ現世にとどまっているのか。やり残したことがある者、会わねばならない人がいる者、見届けねばならない案件がある者——つまり、切実な未練を持った者たちがここに集まっているのだった。他にもこうしたグループは少なからず存在しているらしい。それぞれに事情はあれども、とりあえず偶然だか運命に導かれてここに集まったわけである。お互いに身の上話をしながら、ビールを呑んだりカラオケを歌ったり鍋料理を楽しんだりしつつ「かりそめのパーティー」に興じているのだった。昼になればそれぞれがシリアスな表情を取り戻し、未練に決着をつけるべくあちこちへ出掛けていく。

そして毎月、新月の晩になると彼らのような幽霊たちが町に集まってくる。ランタンやハンディライトを灯《とも》しつつ、離れ離れになって死んだ者たちが探す相手を求めて列を作って静かに練り歩く。すなわちパレードだ。そこで出会えた者たちもいる。出会えなかった者もいる。黙々とパレードは進行する。

未練に決着がついたらどうなるのか。冥界への案内人がいて（この映画では、銀行員の姿をしていた）、その人物に連れられていわば成仏することになる。だが冥界がどんな場所であるかは、教えてくれない。映画全体のトーンからは、極楽浄土や天国よりも、むしろ無の世界であるような気がする。もはや思い残すことがない、という点で。

したがって『パレード』で描かれていたのは、現世と死後の世界との中間段階における幽霊たちの物語ということになる。肝心の「あの世」の描写はスルーされている。だがわたしとしては、この映画に説得力というか非常に心にフィットしたものを感じたのである。

なるほど死んだあとにどんな世界に自分が行くのか——それは不安でもあるし恐ろしく

もある。気になって当然だ。だが、考えてみれば実は現世への未練や心残りのほうが自分にとっては遥かに重大なのである。自分なりに納得がいけば、もはやどうでも構わない。「無」のスッキリ感はメンソールのように気持ちが良さそうだし、いささかキッチュな天国でも妥協しよう。もちろん「東都名所高輪廿六夜待遊興之図」の中に入り込むのがベストではあるけれど。

地獄が待っているかもしれないわけだが、まあそれも自身の生き方に鑑みれば仕方がない。もう一度人間に生まれ変わることになったらこれが一番嫌だけれど、前世の記憶を消去してくれるのだったらトライするしかない。少なくとも未練が清算できるのだったら、それ以上は望むまい。

想像を超えているからこそ……

さてここで、第三の「あの世」について言及したい。それは想像の及ばない世界、わたしたちのイマジネーションの限界を超えた世界である。あの世が存在したとして、そこに既視感が伴うようでは神様に向かって「ちょっとイージーじゃないですか？」と嫌みを言いたくなりそうだ。思ったことすらない世界だからこその「あの世」ではないのか。

これはたぶん特撮映画において、前代未聞の怪物を登場させるのと同じくらいにハードルが高い課題なのではあるまいか。どんなモンスターであろうと、それは既存のものを変形させたり拡大縮小させたり複数を融合させたりしたものばかりである。どこかしら見覚えがある。あるいはサイコな猟奇映画において精神の狂った人間が描いた絵（と称するもの）が登場しても、「なるほど狂った人の絵っぽいですねえ」と苦笑したくなるのと変わらない。ネットには、「見ると死ぬ絵」というのが流布しているけれど、ちっとも鬼気迫ってこないし死ぬこともない。風邪にすら罹《かか》らない。所詮そんなものではないのだろうか。懸命に想像力を振り絞っても、結局は第一ないしは第二の「あの世」に落ち着いてしまうのである。

そうなると、本当に第三の「あの世」なんてあり得るのかと疑いたくなる。たとえば、あの世に行ったかと思っていたら自分のほうが白い野良犬に生まれ変わっていましたといった顛末《てんまつ》のほうが、よほど意外性があろう。

個人的には、せいぜい『パレード』のあたりで死後の世界への追究は妥協しておいたほうが健全な気がする。

第4章

取り返しがつかない

『鉄腕アトム』で描かれた不可逆性

手塚治虫は、不意打ちのように、（たとえ読者が子どもであろうとも）残酷な場面を見せたり絶望的な気分にさせられるような描写を行ったりした。マンガ史の視点から考えた場合、そのように油断のならない姿勢はマンガ作品の質を飛躍的に向上させる可能性を示したのではないだろうか。無難な娯楽のレベルにとどまっていては、マンガは人生に深い関わりなど持てまい。

手塚の代表作である『鉄腕アトム』、そのエピソードのひとつに「幽霊製造機の巻」がある。雑誌『少年』の一九五七年一月号の別冊付録として発表された。わたしはこれを初出の時点では読んでいない。単行本に収録されたものを、おそらく小学校三、四年あたりで読んでいた筈《はず》だ。そしてショックを受けた。それはたんに残忍で酸鼻なシーンを見てしまったからとか、そんな表層的な話ではない。もっと根源的な恐ろしさに気付かされてしまった衝撃だったのである。

ストーリーを紹介してみよう。

ゴルゴニア連邦という独裁国家があり、権力を握っているのはヒトーリン首相（ヒトラーそっくりに描かれている）である。お茶の水博士が、そのゴルゴニアへ拉致されてしまう。生き物のコピーを作成する機械、すなわち幽霊製造機の研究を強要するためであった。ヒトーリン首相は己の分身を欲しがっていたのだ。

博士を助け出すべく、アトムは成層圏まで上昇して一気にゴルゴニアへ飛ぶ。そこは予想を上回る恐怖政治で統治されており、激しく対抗するゲリラ組織もあった。アトムはゲリラ組織のメンバーである少年ロボットと出会う。名前はプラチナ。アトムに負けず劣らずの性能を備えていた。プラチナの戦闘能力はかなり特殊で、彼は自分の身体を丸めて球体化し、ボウリングの球くらいの大きさになることができる。自らが丸い砲弾となって敵に体当たりし、撃破するのだ。

いっぽう政府には、グロテスク一号というロボットがあった。伏せたバケツを重ねたような不細工なロボットで、耳の部分から大きな腕が伸びている。この両腕を振り回して敵を摑《つか》み取り、左右の掌で揉むようにしてじわじわと擂《す》り潰してしまう。破壊行動のみに特化しており、アトムやプラチナのように感情を持ち合わせてはいない。まさに非情で危険なロボットというわけである。

お茶の水博士救出の過程で、プラチナとグロテスク一号とが対決する場面が出てくる。

球体に変身したプラチナは素早く体当たりを繰り返すものの、遂にグロテスク一号の腕にキャッチされてしまう。博士の目の前で、グロテスク一号の両手に挟まれた球形のプラチナは、ゴリゴリと擂り潰されていくのだ。指の隙間から、黒っぽい粉となったプラチナがこぼれ落ちていく。その無残さに、幼いわたしは息を呑んだのである。

『鉄腕アトム』「幽霊製造機の巻」より

手足を千切り取られたとか、胴体にダメージを受けたのなら、修繕の余地もあるだろう。新しいパーツで補うことも可能かもしれない。だが全身を粉末のレベルまで挽《ひ》き崩されてしまったら、もはやどうにもならない。粉の一粒を前にしても、それが身体のどの部分であったのかさえ分かるまい。目玉だったのか、脇腹だったのか、意思を司《つかさど》るコンピュータ部分であったのか……。粉をすべて拾い集めようと、そこから以前の姿を再現させることは不可能である。

一体のロボットが、あれよあれよと砂さながらのパウダーになってしまい、床にさらさらと落ちていく。その呆気《あっけ》なさと喪失感が、わたしを戦慄《せんりつ》させた。その黒っぽい粉は、火葬による

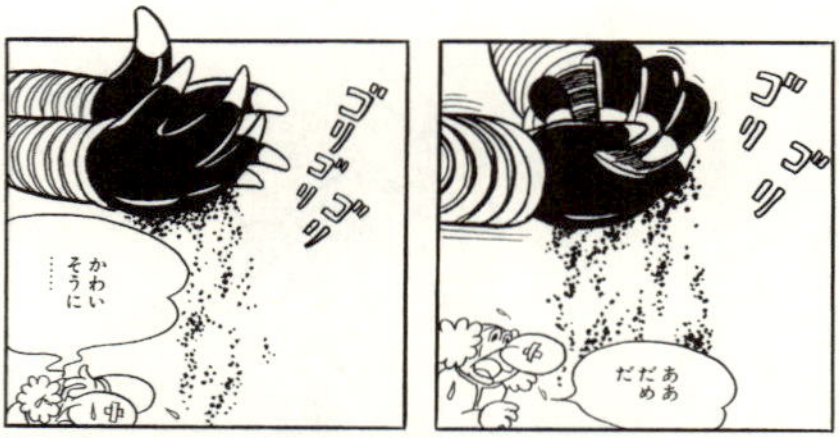

『鉄腕アトム』「幽霊製造機の巻」より
©Tezuka Productions

灰とは意味が異なるだろう。火葬の灰は、弔《とむら》いの儀式を経たうえで出現した聖なる姿である。だがグロテスク一号の両手によって擂り潰された結果としての粉は、絶望と無力感そのものである。それが砂時計の砂やインスタントコーヒーの粉やパウダー食品（すなわち日常生活でいくらでも目にするもの）と変わらぬ形状をしていることに、狼狽《ろうばい》せずにはいられない。

取り返しがつかないという事実を、これほど身も蓋もなく絵解きされるとは思ってもみなかった。あえてトラウマとは言わない。が、何か重いものが心に埋め込まれたように感じたのは事実である。

なおグロテスク一号はアトムに破壊され、ヒトーリン首相は長官に射殺され、その長官は幽霊製造機の爆発で死ぬ。アトムは無事にお茶の水博士を日本へ連れ帰る。

余談だが、自宅でコーヒーを飲むときには深煎りの豆を小型の電動ミルで挽いて、それを紙フィルターでドリップする。暇があれば手動のミルでゆっくりと挽くのだが（そのほうが摩擦熱による酸化が抑えられ、コーヒーが明らかに美味くなる）、面倒なのでつい電動を使うほうが多い。

先日、電動ミルのスイッチを押す直前に、ふとグロテスク一号の件が頭をよぎった。そこからの連想で、豆が粉になる途中経過の状態を覗いてみたくなったのだ。そこでスイッチを二秒だけ入れて、蓋を開けてみた。何となく、バラバラ死体みたいな状態になった豆の集積を目撃できそうな気がしたのである。悪趣味な話だが。

で、蓋を外すと、すべての豆が半分ないし四分の一くらいの大きさに刻まれていた。無残であった。豆の表面はつるつると艶やかで、それに対して刻まれた断面はざらざらしている。結果として茶色く艶々した部分と、焦げ茶色でざらついた部分とがびっしりと混ざり合い、羽を広げたゴキブリの死骸がたくさん重なり合っているように見えて気分が悪くなった。

いい歳をしてこんな馬鹿げたことをするのも、手塚治虫の呪いみたいな気がして苦笑せずにはいられなかったのであった。

死んでいるのに、生きているように映る

死は圧倒的でしかも絶対的なものである。死者とは、揺り潰されて粉と化したロボットと意味としては同じである。もはや取り返しがつかない。しかし死を迎えて間もない遺体は（少なくとも病院のベッドで息を引き取ったケースの多くは）、生前と変わらない姿を保っているように見える。

死んでいるくせに、まるで生きているように映る。

この曖昧さこそが、わたしたちを当惑させる。だから親族や知人たちは死者の前で「安らかな顔をしているねえ」「まるで眠っているみたいだ」「いい表情で旅立ったね」などと、わけの分からない台詞をおずおずと呟くことになる。

死んだ時点であれよあれよと全身が真っ黒になるとか、水玉模様が皮膚を覆い尽くすとか、そういった生化学反応が出現したほうが残された者たちは心を切り替えられるのではないかと思ったりする。だがそうなると、ある種のエラーないしは疾患として、生きているのに死のサインが出現してしまったり、逆に、死んだにもかかわらず死のサインが表れないといった面倒な事態が出来するかもしれない。アヴァンギャルドなパフォーマンスと

して、死のサインを自分の身体にメイクして何らかの主張を図る人々も出るだろう（暗黒舞踏とかデスメタルのミュージシャンとか）。

だがとにかく現実においては、死者は死んでいるくせに、まるで生きているように映る。写真家の小《こ》林《ばやし》　紀《き》晴《せい》が書いた『愛のかたち』（河出文庫二〇一九）を読んでいたら（自殺した妻をその場で写真に撮って発表した写真家・古屋《ふるや》誠一《せいいち》の、評伝と写真論とが合わさったような本）、エピローグのところで以下のような文章に出会った。

> **それでも私は、父の最期の瞬間だけは撮りたかった。父が危篤《きとく》になり、看病のために病院に数日泊まることになったとき、荷物のなかにカメラを忍ばせた。モノクロフィルムを装塡《そうてん》していた。数日のうちに亡くなることは明白なこととして目の前に横たわっていた。そして実際に医師から臨終を告げられた直後に、父の姿をカメラに収めた。私は強い意思を持って、その瞬間を待っていた、といえる。**
>
> **私はカメラをすばやく取り出し、父に向けた。三回、シャッターを切った。ものすごい速さで遠ざかっていく姿を必死に射る気持ちだった。**
>
> **写真に残さないまま、すべてが終わってしまうことだけはしたくなかった。写真を**

撮る者、という意識が強く働いていたことに気がつく。写真を撮る者である自分が、父親の死を撮らずにどうする、撮らないことなどはありえないという思いがあった。もし撮らなかったら、大きく悔やんだだろう。

なるほど、写真家である小林が死を迎えた瞬間の父にレンズを向けたとき、そこには「ものすごい速さで遠ざかっていく姿を必死に射る」かのような一念が働いていた。生者が死者へと変貌する瞬間をフィルムへ定着することで、父との絆《きずな》を保とうとしたのかもしれない。去って行く父の襟首を摑んで現世に引き戻そう——そんな気持ちを写真に託しておきたかったのかもしれない。

結局小林は、その写真を展覧会にも写真集にも発表しなかったという（正確には、ブレて画像のはっきりしなかった一枚のみを写真集に収めた）。経緯から考えれば、妥当な判断だと思う。

臨終の写真については、違和感に満ちたエピソードが思い出される。

わたしがまだ産婦人科医だった頃のことだ。高齢の女性が、婦人科系の悪性腫瘍で入院していた。手術や化学治療、放射線治療などを行ったが、一時的に病状は改善したものの結局は死を待つだけになってしまった。打つ手がなくなってしまい、患者はどんどん衰弱していく。当人はもはやほとんど意識がない。家族も、年齢を考慮すればまあ仕方がない、苦しまないようにしてくれれば十分です、と覚悟を決めていた。

今日明日あたりに亡くなるだろうと予想したが、予想外に心臓が強靱《きょうじん》で、ぎりぎりのところで持ち堪《こた》えている。いったんは臨終を見越して親族が集まったけれども、なかなか「お迎え」が来ない。親族としても、さっさと決着をつけてくださいとは言えない。こちらも余計な延命をする気はないが、だからといって死期を早めるわけにもいかない。家族や親戚には、それぞれ仕事だの用事がある。いったん解散して、「本当に」臨終が訪れそうだったらそのときにあらためて病院から連絡する、といった話になった。

何人もの縁者が待機していた病室（個室）は、たちまち患者一人になってしまった。エアポケットのように病室は閑散とし、昼間には窓から差し込む春の光が妙にのんびりと病人を照らし出していた。

死を前に、凪《なぎ》のような時間が流れていた、そんな日の午後。ナースステーションに立ち寄ると、親戚が一人、病室へ見舞いに来ているという。担当医に説明などは求めていないらしい。患者の様子を見るべくわたしも部屋へ行ってみた。

ベッドの脇に、男が立っていた。痩せた中年男性で、髪はぼさぼさで身だしなみもよろしくない。病室には、病人以外には彼だけがいた。彼は予《あらかじ》めナースステーションに声を掛けているので、不審者ではない。年齢的には息子かもしれないが、今まで見たことのない人物だった。そしてその男性は普及型のコンパクトカメラを両手で構えて前屈《まえかが》みになり、ファインダーを覗きながら（当時はまだデジタル・カメラは普及していなかった）病人の顔を撮っているところだった。

ドアのところで、わたしは一瞬凍りついた。不謹慎なことをしているなあ、というのが最初に浮かんだ感想であった。死相を撮影しようっていうのかよ。咳払いすると彼はぎょっとした表情でこちらに顔を向け、「あ、思い出にしようと思って……」などと気まずそうに説明する。咎《とが》めたい気持ちが湧いたが、思い出のための撮影を禁止する権利を担当医が持っているのかと考えるとよく分からない。だがどこか釈然としない気持ちもある。「質問とかございましたら、ナースステーションに言えばわたしを呼び出してくれますから」と切り口上で伝えると、「承知しました」などと微妙にちぐはぐな返答をしてまたカメラに集中している。患者の様子に変わりはないようなので、わたしは病室を出た。

他の病室で処置をしながら、あのカメラの男性が気になっていた。彼が病人におかしなことをするのではないかとか、そういった心配をしていたのではない。家族は彼が病人を撮影しているのを知っているのか、もし後日になって知ったらどのように思うのか。そういったことが気になっていた。

結局、男性はわたしと会った五分後には帰ったらしい。とくにトラブルもなかった。夕方、長男夫婦が来たが、カメラの男性についてはあえて話題にしなかった。面倒を避けたい気持ちがあったからだ。

病人は翌日の晩に亡くなった。親族が集まったタイミングを見計らったように息を引き取った。集まった人たちの中に、カメラで顔を撮影していた男性も交ざっていた。一応髪を梳《と》かし、ややくたびれたスーツを着ていた。孤立しているように見えたが、一族の者ではあるようだった。

話としてはこれだけなのだが、彼の挙動がわたしの心にわだかまっていた理由について、小林の本を読んでいる最中に思い当たったのである。

父の臨終を撮影した小林は写真家である。現像やコンタクトプリントの焼き付けは彼自身が行ったであろう。赤いセーフライトの灯《とも》った暗室の中で、あらためて父と静かに向き合ったのではないか。そこには厳粛な時間が流れていたに違いない。他方、あの病室でカメラを構えていた男性は、カメラの扱い方や雰囲気から写真については素人なのが明らかだった。彼が暗室を持っていたり、自分で現像などを行うとは思えない。

そうなるとあの男性は、カメラから取り出したパトローネを、どこかのフォトショップへ持参して現像を依頼しただろう。コンタクトプリントは作って貰っただろうか。一括してサービスサイズのプリントを焼き付けてもらったかもしれない。店には多くの現像依頼があるだろうから、流れ作業の一環として組み入れられた筈だ。数多くのスナップ写真や記念写真に交ざって、死相を浮かべた老婦人の写真も処理されたわけだ。その写真は店員の目に入ったかもしれないが、猥褻《わいせつ》な写真や反社会的な写真ではない。注文通り無造作に袋に詰められネガと一緒に男性に渡されただろう。

その妙なお手軽さ加減が、わたしにとっての「わだかまり」だったのである。臨終に向かいつつある姿を撮った写真が、ひどく雑で安直なプロセスで仕上がってしまうことに抵抗感を覚えたのである。死者になりかけている存在を軽んじていないか？　ガムを噛みながら遺体の清拭《せいしき》をするとか、骨壺の代わりに梅酒を作る大型のガラス瓶へ遺灰を納めるとか、そういった無神経さにつながる気がしたのだ。いや、無神経なだけでなく、死という要素が絡まっているがゆえに、彼の振る舞いのすべてが薄気味悪く思えた。

あの男性はやはり変だ。常識や良識から少々逸脱している。いかがわしい。彼が結局のところ写真をどのように扱ったのか、それが気になる。

ミイラの妻を10年間抱き続けた男

死ぬ直前、さもなければ死んだ直後のポートレートには特別な意味が付与されている。死はもはや「取り返しがつかない」事象であるけれど、写真にはある瞬間を永遠にストップさせる力を持つ。それゆえに、(もちろん錯覚ではあるけれど) 取り返しがつかない事態をもたらす力へ抗《あらが》うかのような魔術的な性質を帯びてくるのだ。

だからある種の人たちにとって臨終の写真は祈りに似たものとなろうし、別の人たちにとっては死という現実を徐々に受け入れるためのステップとして機能するだろう。死んでいるくせに、まるで生きているように映る様子は、悲しみや畏怖をもたらすとともに神聖な様相を呈してくるかもしれない。

その人が亡くなったことを現実レベルでは理解しているものの、臨終の写真を密《ひそ》かに手元へ置き、心の中では死を否定して暮らしているといった者は、この世の中にはそれなりの数がいるだろう。そしてそのような心性が妙な具合にエスカレートすると、たとえばこんな事例も出てくる。

女性週刊誌のひとつである『女性自身』一九六九年七月十二日号に載っていた記事であるが、予め申しておくと、真偽はいささか疑わしい。タブロイド週刊誌（『ナショナル・エンクワィアラー』など）や『東京スポーツ』程度の信頼性しかない与太《よた》記事の可能性が高い。しかし似たような話は過去に何度も聞いたことがあるし、人間の想像力においてこのような記事が繰り返し生み出されるという事実は、おそらくわたしたちの心情にフィットする部分があるのだ。フィットしつつも反発したくなるような感触があり、だからこそつい読みたくなる。

記事のタイトルは《私はミイラ妻を10年間抱き続けた》というものである。

まず一枚の写真が提示される。手前には老婦人が、天井を向いたまますうっすらと目を開けてベッドに横たわっている。脇には一匹の犬がうずくまっている。ダックスフントだろうか。さらにセーターを着た年配の男性が老婦人の肩に手を置くようにして座っている。彼だけがレンズを意識し、顔をまっすぐカメラへと向けている。表情からは、穏やかな印象が伝わってくる。老いた男性と、横たわる婦人、そして犬。ファミリーだと思われるが、全体としてどこか微妙にちぐはぐな印象が漂っている。

男性は宮本勝三郎《みやもとかつさぶろう》。茨城県鹿島郡大洋村《かしまぐんたいようむら》出身、苦学をしながら東京獣医学校を卒業。大正八年にアルゼンチンへ単身渡航し、午前は同国の農務省畜産課、午後は伝染病研究所で働くようになった。優秀な研究者として頭角を顕《あらわ》し、学位も取得した（理学博士）。

女性はテレサ・アメリカ・カルメリーナ・コロンボ・バレンティニ。アルゼンチン最大の製靴工場の社長の娘であった。未亡人で、宮本を自宅に下宿させていた。彼よりもテレサは三歳年長であった。そんな二人がやがて愛し合うようになり、結婚に至った。テレサはかなり献身的に宮本をサポートしたようである。彼いわく「私の研究がいまあるのは、なにはさておき、妻のおかげでした」。

実際、宮本は植物の生長を促進する「オーキシナホルモン」の結晶抽出に成功し、それを用いて古戦場サン・ロレンソの枯れかけた記念樹を回復させるなどの功績があり、現地ではそれなりに有名らしい。


やがて彼は動物のミイラつくりにと研究の分野をひろげはじめた。そしてついに、彼は、生きているとき〝そのまま〟の姿でミイラにし、動物を保存する研究に成功し

た。結婚は、彼が32才のとき。その成功は彼が60才の坂をこえたころだった。

そしてそのころ、夫人は長い病床生活に入り、子どものない夫人がこよなく愛したジニート（引用者注・写真に写っていた犬の名前）もまた病気になってしまった。そして死んだ。

「あなたの研究でジニートを永遠にして」

彼女は病床から、愛犬をミイラにしてくれるように頼んだ。

植物の成長ホルモンの研究とミイラつくりとの間にはかなり隔たりがあるような気がするが、書かれている内容を差し当たって信じるしかない。そうしてミイラづくりの技術は、まずは愛犬ジニートに発揮されたのだった。

やがてテレサも亡くなる。享年七十。

宮本さんは涙もかわかぬまま、夫人を遺言どおりに、ミイラにすることを考えた。生ける姿そのままに、永遠にかわらぬ姿につくり、ともに暮らしつづけることを考えた。

ミイラにする技術、それに使用する彼の考案した薬品名と化学方程式、いまそれらははぶくことにするが、

「〝まばたき〟だけはしませんが、すべて生前そのままに仕上げつつ、私はいくど妻の名を呼んだことか」

まる1年というもの、彼は夫人のそばをかたときもはなれずにミイラの作製にあたった。最初の1カ月はほとんど睡眠もとらなかった。

「私はいままでの仕事の集大成として、妻のために打ちこみました。だから、妻の現在の姿は、私にとっては最高の芸術作品なのです」

生前そのままの姿をとどめた妻テレサと愛犬ジニート。ミイラに加工された彼らと共に、宮本は自宅で十一年を過ごし、今回、所用から日本へ帰国した。その際に『女性自身』は彼から談話を取ったようである。宮本勝三郎は既に七十八歳、身体が不自由になりかけている。法律の関係で妻（のミイラ）は連れて来ることができなかったという。

アルゼンチン・ロサリオ市での毎日はどうだったのか。

「もう目をさましたかい」

朝になると、湯気のホカホカのぼるコーヒーをすすりながら、生きている人間へ話しかけるように語りかけ、

「ジニート、おまえもお腹《なか》がペコペコだろ」

犬にも、ほほえみかけるのを忘れないのだ。

記事のタイトルである「ミイラ妻を10年間抱き続けた」はいささか不正確で、「11年間一緒に暮らし続けた」が正解であろう。扇情的・猟奇的文脈から、ミイラ妻と同衾《どうきん》していたと仄《ほの》めかしたかったのかもしれないが、年齢的にも可能性は薄いかもしれない。

最初に書いたように、わたしはこの記事の信憑性《しんぴょうせい》をかなり疑っていた。一九六九年発行の女性週刊誌ならば、宇宙人とセックスをして妊娠したといった記事が載っていてもおかしくないだろう。だが一応ネットで宮本勝三郎について検索してみた。さすがにWikipediaで独立した項目は立てられていないし、記事もほとんどない。が、業績を含めて彼は実在していたようである。それどころかスペイン語による評伝（オラシオ・バルガス著。アルゼンチン大使館の図書室に収蔵されているらしい）も書かれていて、表紙にはミイラ妻の顔を覗き込む宮本の写真が載っている。

里帰りした宮本は、結局、アルゼンチンには戻れなかったらしい。そうなると妻テレサのミイラはどうなったのか。気になるところではある。

宮本はマッド・サイエンティストではなかったようで、彼なりの「死は取り返しがつかない」への抵抗は周囲に受け入れられていた気配がある。さすがにボルヘスの祖国だなあと思いたくなる。

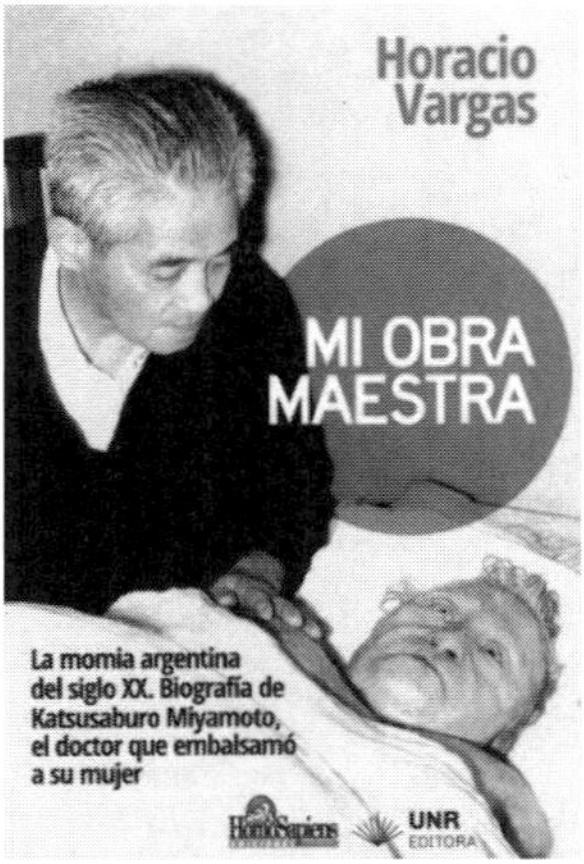

『MI OBRA MAESTRA　La momia argentina del siglo XX. Biografía de Katsusaburo Miyamoto』（『私の最高傑作　20世紀のアルゼンチンのミイラ。宮本勝三郎の伝記』、オラシオ・バルガス著）

火星への片道切符

この章では、死の「取り返しがつかない」というおぞましい性質についてあれこれと連想を広げているわけであるが、やはりこの案件には根源的な不安というか絶望感が纏《まと》わり付いているように感じるのである。

それに関連して、マーズワンMars Oneについてわたしは語らずにはいられない。まだ記憶している読者も多いかもしれない。オランダに本部を置く民間組織がマーズワンで、火星に人類を移住させることを目的に設立された。当初は二〇二五年までに最初の火星移住実現を目指し、二〇一三年には移住をするメンバーを華々しく募集した。募集資格には制限事項が少なかったのだろう。二十万人近くもの応募が世界中から寄せられ、同年末には一〇五八人の候補者が選定された。しかもその中には十人の日本人（五十九歳の男性社長や三十代の女性医師など）が含まれていたことから我が国でも話題を呼んだ。話題となった理由のひとつは、やはり選考基準であろう。移住者はまず宇宙飛行士でなければならないが、年齢や職業からはそのような役目をまっとうできるのか首を傾《かし》げたくなるような人たちがかなり交ざっていたからであった。

二〇一五年二月には移住候補者は男女五十名ずつに絞られ、その中にはメキシコで飲食業に携わる五十歳の日本人女性も交ざっていた。だがこの頃から、マーズワンは単なる詐欺組織ではないかとの疑惑が膨らみつつあった。宇宙船の手配について具体性が乏しかったし、プロジェクト実現に必要な巨額な資金の調達にも不明瞭な点が多かった。選考プロセスもかなりいい加減なものであったらしい。

結局、マーズワンはインチキ組織であったらしい。二〇一九年に破産している。やはり詐欺に近いものであったかと誰もが納得したのであったが、短期間ではあったものの、確かに「誰もが火星移住のパイオニアになれるかもしれない」という変にリアルな感触を世界中に広めたのは事実であった。

その変なリアルさは、ひとつには応募資格がかなり「ゆるかった」ことにあるし、もうひとつは火星移住が片道切符であると明確に宣言していたことに由来している。最初に四名を火星に送り込み、以後は二年毎《ごと》に四名ずつ追加の移住者を送る。もちろん追加の移住者たちと一緒にロケットで資材や食料なども運ぶのだろう。ただし地球へ帰還させるためにはコスト面でも技術面でも問題が多過ぎる。人類初の火星移住プロジェクトの主役になるという名誉や夢の実現と引き換えに、地球外惑星で一生を終えてもらう。シビアきわまりない話だが、そのぶん生々しいリアリティーを備えている。そして火星で死ぬという条件を積極的に承諾した応募者が二十万近くいたというわけなのだった。

わたしのような臆病者としては、この火星への片道切符というシステムが恐ろしくてならない。補給物資と追加人員を乗せた宇宙船が確実に来てくれるのか、いかなるアクシデントが火星基地を襲うのかといった基本的な懸念をクリアできたとしても、わずかな人数で狭い基地に死ぬまで一緒にいるのは息が詰まりそうだ。そんなコミュニティで何十年も仲良く、気分良く過ごすことなんて可能なのだろうか。

生き延びるために、そして人跡未踏の星を探検したり住みやすい環境に近づけたりするべく、それなりに多忙であろうし次々に問題が生じるだろう。対応するだけでも大変に違いないけれど、にもかかわらずじわじわと心を侵食してくる退屈や倦怠からは逃れられないのではなかろうか。毎日が胸躍る冒険であるつもりだったのに、いつしかそれはルーティン・ワークに下落し、やがて飽き飽きしてこないか。対人関係でぎくしゃくしても、狭い基地では相手を避けるわけにもいかない。憎しみや忌避感がとんでもなく膨れ上がっていかないか。セックスの問題も含め、微妙なトラブルが拡大していきかねない。

それだけではない。もはや地球に、かつての「普通の」生活に戻れないという事実が、途方もない喪失感や絶望感として精神を蝕《むしば》んでくるのではないか。

わたしはときおり特定の銘柄のインスタントラーメンだとかジャンクフードの類が無性に食べたくなる（くだらないけれど、切実なのだ）。しかもその銘柄が現在でも生産されているのか疑わしい場合が多い。そうなるとネットで調べ回ったりして、最終的には願いが叶《かな》わなくても調べ回ったことでどうにか気持ちを鎮めることができる。が、火星でそんな気持ちに囚《とら》われたら、それこそ悔やむしかなくなる。後悔や無力感や自己嫌悪とリンクして気落ちする。おそらくそのようにノスタルジーや喪失感や痛恨、切なさなどに打ちのめされる機会がどんどん増えていきそうだ。

あからさまに申せば、うつ病に陥る危険性はものすごく高い気がする。その結果、塞ぎ込むだけとは限らない。自暴自棄となり、火星移住のプロジェクトそのものを否定する気持ちになり、同僚を巻き添えにする形で施設を破壊したり蛮行に走ってしまう危険すら否めない。自殺や殺人すら起きるかもしれない。地球を離れる前は安定した精神の持ち主だったのに、火星で閉塞的な生活を送るうちに心の暗部が露呈してくる可能性はいくらでもある。移住者達がメンタルの問題で自滅する可能性は結構高いのではないか。あるいはメンバーの中にサイコパス的な人物が交ざり込む可能性だってあるだろう。

そもそも片道切符の火星移住を望む人たちの内面には、自殺願望に近い不穏なものが宿っている可能性が高そうに思えるのである。新大陸に移住したイギリス人だって、ブラジルへ移住した日本人だって、ある意味では事実上の片道切符だったかもしれない。でも同じ地球上であるという事実は、やはり火星に移住したのとは次元が違うだろう。夢だのロマンだのでは埋め切れないものがあるに違いない。にもかかわらず、地球とは「永遠」に縁を切って火星に自分の骨を埋めようと決心する人々を、わたしはむしろ恐ろしく感じてしまうのである。

そんなことを言うお前は腰抜けだと笑う人は、かなり迂闊《うかつ》で無防備だと思う。あまり自分のメンタルを過信しないほうがよろしい。火星基地が地獄となる確率はかなり高いと思うのである。考えただけでも過呼吸になりそうだ。

わたしは死という事象がもたらす恐ろしさや不穏な感触、気味の悪さは「永遠」「未知」「不可逆」の三つに立脚しているだろうと考えている。そこで本書の第2章では永遠について、第3章では未知なる世界について、本章では不可逆つまり取り返しがつかないという事態について書き綴《つづ》ってきたのであった。

ここまで述べてきて気付いた点のひとつに、「永遠」や「未知」に比べて「不可逆」だけが、日常生活で遭遇する頻度が高いという事実がある。「永遠」や「未知」は抽象性を帯び普段では縁が薄いが、「不可逆」は下世話な度合いが高い。玉子を割っただけでも、たちまちそこには不可逆が現出しているのだから。

換言すれば、わたしたちはしばしば不可逆という要素を介して、日々、不完全ながらも死の気配に取り巻かれているということになる。

死は取り扱い注意——『100ワニ』現象

ここで、手塚治虫よりも五十八年後に生まれた漫画家・イラストレーターの作品について言及したい。作者は、きくちゆうき。作品は『100日後に死ぬワニ』である。作品そのものよりも、むしろそれに伴った一連の騒動のほうで記憶している読者も少なくないかもしれない。

以下では作品名を『100ワニ』と略して表記するが、これはTwitter（現X）に連載された四コマ漫画である（一回というか一本が四コマだが、連続して読んでいくとストーリー的なものも浮き上がってくる）。主人公は擬人化されたワニで（愛称は、みどり。男性）、人間でいえば二十歳前後のありふれた若者か。独り暮らしのフリーターで、他愛ない性格に見えるが実際にはデリケート。生活している世界は、今現在の日本の街そのままである。

ワニの周りにはバイク好きでしっかり者のネズミ（愛称はアキラ）、意外に堅実なモグラ、姉御肌のイヌ、センパイ（年上の女の子のワニ）などがいて、ありがちな、ある意味では若者達にとって等身大に近い日常が描かれる。心の機微、「あるある」の出来事や片思いなどさまざまなエピソードが描かれていく。ほのぼの系のようでいて、全体としてはもう少し深い感情が描かれている。

『100ワニ』には大きな仕掛けがある。漫画は二〇一九年十二月十二日から毎日一本ずつ、午後七時にTwitter上で公開されたのであるが、欄外には〈死まであと●日〉と不穏な表記が付されていた。連載の第一回では〈死まであと99日〉となっており、以後その数字は日を追う毎に減っていく。だから100日後に死ぬワニなわけで、ちょうど百回目（二〇二〇年三月二十日）にワニは題名通りに死ぬ。

死ぬ場面は、あからさまには描写されていない。仲間と花見をする予定なのに、ワニが姿を見せない。ネズミが、迎えに行こうとバイクに跨《また》がり走って行くが満開の桜に心を動かされ、スマホで撮影して「よくね？」と言葉を添えてワニや仲間にLINEで送信する。

だがそのときワニは交通事故で既に亡くなっており、アスファルトに転がった彼のスマホには桜の写真が鮮やかに映し出されていたのだった。なおワニがいずれ交通事故に遭いそうな場面が、連載中には伏線として何度か描かれている。

それにしても容赦のない作品である。

漫画の絵柄は、カワイイ。親しみやすいタッチで生き物たちを描いている。通常、そうした傾向の漫画に死は持ち込まれない。チャーリー・ブラウンが海で溺れ死んだり、ムーミンが猟銃で撃ち殺されたりはしない。だが『100ワニ』では死ぬ。しかも唐突に死ぬのではない。毎日カウントダウンされ、題名が予言であるならば、その予言通りにワニは死ぬ。それだけのことであり、以後もワニのいない世界は（その世界は、事実上読者の住む世界と区別がつかない）粛々《しゅくしゅく》と持続していく。

予想はしていたが、まさか本当に死ぬとは……。漫画で描かれる世界は「いつも通り」であるにもかかわらず、最終回が近づくと、どんどん不吉な影が忍び寄ってくる。読者は結末を既に知っているという意味で、神の視線を借りて漫画内の現実を眺めている。そうした感触を無意識のうちに感じている。それゆえに神あるいは運命の残酷さ、容赦のなさ、無神経さにうろたえる。

いったんワニの死を知ってしまったら、もはや漫画を読み返しても虚《むな》しさが纏わりついてしまうだろう。取り返しがつかない事態は既に起きてしまったのだ。それどころかわたしたちにもまた、どこか見えない場所に〈死まであと●日〉という表示が掲げられており、カウントダウンが重ねられているのではないのか。

『100ワニ』は末永く語り伝えられる作品になってもよかっただろう。だが実際には過酷な結末が待ち受けていた。連載が終了し、すなわちワニが亡くなってしばらくの間は、読者たちは呆然としたり、しんみりとしたり、仲間たちと低い声で感想を語り合ったり、そうした時間を持ちたかったのではないだろうか。だが連載終了後間髪を容《い》れず、商業展開が連載のサイトや特設サイトで始まった。大手出版社からの書籍化、グッズの販売、タイアップ音楽や映画化の告知などである。あまりにも、手回しが良過ぎる。

読者たちは無名に近い作者が、いわば手作りで毎日こつこつと漫画を描き投稿していたと思っていた。作者自身もまた、明るくは振る舞ってもどこかに寂しさや苦しさを抱えた個人であろうといったイメージを読者たちは持ち、そこに共感を覚えていた。しかし実際には大掛かりな商業プロジェクトが背後に控え、それどころかステマ問題で嫌われていた広告会社が関与していると噂された。その結果として、読者は鼻白んだ。商業主義によって弄《もてあそ》ばれたような、裏切られたような感情に陥った。しかも商業主義は「死」をネタに儲けようとしたわけで、そのえげつなさや不謹慎さに反感が生じた。

結果として、『100ワニ』のみならず、作者に対して猛烈なバッシングが起こった。漫画に対する感動が反転し、憎しみに近い感情がSNSを介して一斉に押し寄せ、最終的には嫌悪という形で消費し尽くされてしまった。名作として愛され生き残る機会を失ってしまったのであった。

こうした予想外の反動には商業主義への嫌悪が最も大きい要素だったと思われるが、それだけではない。連載終了の時期はいわゆる「コロナ禍」が拡大し、人気タレントの志村けんがコロナによって死去したのは連載終了から九日目である。それどころか少なからぬ有名人も感染で亡くなった。死のリアリティーがいきなり立ち上がった時期であり、また『100ワニ』がもたらした取り返しのつかない感覚が読者たちを浮き足立たせた。そうした不安に満ちた空気がバッシングという「暴動」につながったのだろう。

死は、まぎれもなく取り扱い注意案件なのである。

第５章

死体の件

一九八六年の「土葬」

二十年前の夏に、富山県の小矢部《おやべ》市に行った。講演に出掛けたついでに足を延ばした次第で、それには相応の目論見があった。

一九八〇年代後半から、小矢部市は〈メルヘンの街〉を自称し、数多くのメルヘン建築が建っていることを宣伝していた（最終的に三十六棟が建てられた）。一九八六年六月二十二日には、ミス・メルヘンコンテストが開催されたくらい力が入っていたのである。ところが同市は小さな工場の散在する田園地帯である。またメルヘン建築なるものは、どれも公共の建物つまり学校や公民館や消防署や図書館や役所等で、それらはディズニーランドにあるシンデレラの城とか豪奢な幽霊屋敷のようなファンタジーっぽいものではない。あくまでも実用に供する建築物なのである。

ではどこがメルヘンなのか。基本は、明治〜昭和初期の著名な洋風建築の外見を模して縮小した建築物なのだ。おまけにいくつかの有名な建物を合体させている。たとえば埴生《はにゅう》保育所（一九八二）は明治神宮外苑の絵画館をモデルにし、そこへ銀座・服部時計店の時計台を載せてある。水島公民館（一九八三）は奈良の国立博物館を縮小コピーし、塔屋は旧大阪市庁舎、チャペル風の窓と内装は三菱銀行本店に倣っている。武道館（一九八一）は慶應大学三田キャンパスの図書館・旧館（ゴシック様式）を真似、ただし正面ポーチは東京大学工学部1号館を引用している。

海外の有名建築を取り入れたものもある。大谷中学（一九八四）は正面玄関が東大教養学部、塔屋は東大安田講堂、塔の尖端《せんたん》はオックスフォード大学のクライストチャーチ寮の尖塔、両サイドは迎賓館、付属の体育館は大阪中之島の中央公会堂で内部は国立劇場、教育記念塔は英国のアルバート記念塔、野外音楽堂は東京の日比谷野音でクラブハウスのドームはフィレンツェの大聖堂、正門はベルサイユ宮殿の門、北門はパリの凱旋門《がいせんもん》を手本にしている。こうなると、もはや有名建築のフランケンシュタイン化とでも呼びたくなる。

少なくとも「メルヘン」と呼ぶには少々ニュアンスが違うように思えるけれども、当初は「名建築シリーズ」とか「異色建築シリーズ」などと呼ばれていた。が、一九八五年九月四日付の北日本新聞が初めて「メルヘン建築」という呼称を用い（当時は、アートではないが珍奇なものをメルヘンと呼称することが珍しくなかった記憶がある）、以後はそれが定着するようになった。

そしてそのようなキマイラなのかチープな継ぎ接ぎ細工《は》なのか分からないような建築

（しかもそれらは、田畑が広がる真ん中に忽然《こつぜん》と建っていたりするのだ）を目にするために、妻の運転するレンタカーでわたしは一日掛けて小矢部市を回ったのだった。あの頃は、カメラにオリンパスＯＭ４を所持していたので、それで盛んに写真を撮った。

当方はいわばキッチュなものとしてのメルヘン建築を期待していたので、そういった意味ではまさに希望に沿ったものを堪能できたのだった。そして成り行きとして、これらを企画し実現（！）させた人物にも興味が湧いてくる。

生みの親は、一九七二年から八六年まで市長を務めた松本正雄《まつもとまさお》（一九一七〜一九八六）である。小矢部市出身、旧制四高を経て東京帝国大学工学部卒。一級建築士。内務省国土局を振り出しに北陸地方建設局長を務め、田中角栄の知遇《ちぐう》を得たこともあり小矢部市長に立候補して当選、一九七九年にキマイラ建築第一号の蟹谷《かんだ》小学校を設計、以来自ら設計図を引いて奇矯な建築を作り続けた。が四期目の在職中にクモ膜下出血で不帰の人となった。次期市長は、松本市長が目指していた百棟のメルヘン建築建設予定の継続を拒み、そのまま現在では老朽化も進みメルヘン建築は姿を消しつつある。

わたしが小矢部市を訪問したときには、既に松本正雄は没していた。写真を見ると、いかにも精力的で気さく、地方政治家にありがちな親しみやすいイメージを受ける。いわゆるドブ板選挙に長《た》けていそうだ。本人なりによほどの情熱、よほどの思い入れがなければ、政治家としての日常業務に加えてメルヘン建築の図面を引くなんて作業はこなせなかったであろう。本当はそのあたりの心の有りようを詳しく知りたかったのだが、もはやそれは叶《かな》わない。

さて北陸中日新聞では、一九九三年に「リレー連載・メルヘン建築」という二十一回に及ぶ記事を掲載した。写真を添え、建築群を地元の人たちの感想や思い出話と絡めて紹介したものであるが、最終回は松本正雄その人に焦点を当てていた。その記事の最後の部分をここに示そう。

松本前市長は今、自ら設計して建設した母校の東大を模した蟹谷小学校が眺められる高台の墓地で眠っている（土葬）。

メルヘンの街をこしらえて小矢部市の名を全国に知らしめるなど、数多くのご功績をたたえ、心からごめい福をお祈りいたします。安らかにお眠りください。合掌。

市長が土葬？　なぜわざわざそんな情報が紙面に書き添えられているのか意図が分からない。それはともかく、どうして土葬なのか（没年に、小矢部市が編纂した『故 松本正雄小矢部市長を偲《しの》んで』という小冊子が発行されたが、そこにも土葬の件は触れられていない）。いくら地方といえども、一九八六年においてさすがに土葬はレアだったのではあるまいか（因《ちな》みに、この年はバブル景気が始まりファミコン・ソフト『ドラゴンクエスト』が発売され、ハレー彗星が飛来し、前年十二月に映画『バック・トゥ・ザ・フューチャー』が封切られた）。

いやそれよりも、土葬という言葉そのものにわたしは当惑してしまう。妙に生々しいのだ。もちろん海外では土葬がポピュラーであることは知っている。にもかかわらず、たとえば親しい友人が亡くなり、その遺体が土葬されたと教えられたら何だか居心地の悪いような、どこか落ち着かない気持ちになりそうだ。死んだという事実が曖昧にされたような、宙ぶらりんな気持ちが生じそうだし、地中で腐敗していく遺体を想像して気が重くなりそうでもある。火葬で灰になってしまったほうが、死が抽象性を獲得して気持ちに踏ん切りがつきそうだと考えているからかもしれない。

もしもわたしが小矢部市に住む小学生であったら、真夜中になると土葬された前市長が土の中から起き上がり、ずるずると足を引きずりながら、自分が設計したメルヘン建築を愛《いと》おしそうに見て回っているんだ、などと怪談をでっちあげてクラスメイトたちを怖がらせようとするだろう。それは不謹慎なのか。ある意味で、それも前市長に対するフレンドリーな気持ちの表現であり、怪談をも含めてそうした形がむしろ地域の素朴な暮らしにフィットしているような気すらする。

鈴木貫太郎の『ルポ 日本の土葬』（合同会社宗教問題二〇二三　大分県日出町《ひじまち》で起きたムスリムの土葬墓地のトラブルについての詳細なルポも含まれている）によれば、二〇二〇年度に我が国で行われた葬送《そうそう》はトータルで一四三万二三三件、そのうち土葬は三九三件だが、三〇〇件は死産の胎児で、成人の土葬は九三件に過ぎない（率直なところ、九三件もあったのかと驚く。その殆《ほとん》どは宗教の関係とか外国人なのだろうが）。

いっぽう戦前に畔上博が編者となって刊行された『現代もの知り百科事典』（大洋社一九三八）は家庭医学や儀式作法、常識一般、家事の知恵、手紙の書き方等を網羅した家庭用ハンドブックであるが、埋葬についての解説が載せられている。その箇所を、現代仮名遣いにして引用する。

一、土葬　土葬は我国で一番在来から最も多く行われたもの、現今でも各地方に於ける埋葬は、伝染病で死んだ者を除いて大抵此土葬によるのが多い。
土葬とは柩《ひつぎ》を其儘《そのまま》土坑《あな》に埋めるをいう。棺の内には普通一般には樒《しきみ》、茶などを詰め、棺上に扁平な石を載せて埋めるのであるが、貴人の棺には朱を詰める古例もあり棺の上には墓誌を彫刻した碑石《いしぶみ》を載せ、棺の周囲には木炭を詰めて埋める事もある。

さて埋葬が了れば、其上に墓標を立て、水碗、線香、花木等を供えるのは宗教の別によって多少相違がある。そうして仏式ならば読経、神式ならば弔詞の祭文。基督教ならば牧師の祈禱《きとう》、会葬者の讃美歌などがある。
二、火葬　火葬も古来から行われたものであるが、比較すると概して土葬の方が多かったといえる。然《しか》るに近来大都会にあっては、火葬が著しく激増し、土葬は其反対に激減して行く。これは大都会は各地方人の大集合所である関係上、先祖伝来の墓地を有している便宜がなく、遺骨を郷里に送って埋葬する為であろうが、又一つには都会は地価が高く、且《かつ》墓地の制限もあり、又各寺院に於ても悉《ことごと》く土葬を行う地積の余裕もない処から勢い火葬に移らねばならぬようになったのであろう。
火葬は土葬と同じく、葬送の儀を了えると、近親、縁者立会の上、火葬の竈《かま》に柩を

入れ、これを封印し、翌日遺骨を拾い、壺に納めて便宜の日墓地に埋葬する。荼毘《だび》に附するとはこれをいうのである。そうして本来なら火葬に附する前に、読経、祭文、祈禱等があるのだが、略して葬儀式場で併せ行うのが近来の例である。

土葬か火葬か

戦前では、地方では土葬が圧倒的に優位で、火葬は例外的なものとして殊に大都会で目立ったものの、戦後になって全国的に火葬が一般化していったということだろう。

法律的には、現代の日本において土葬が禁止されているわけではない。ただし埋葬可能な霊園が限られており、しかも通常の葬儀社では土葬などメニューに含まれていないので、あえて実行するには手間も金銭もハードルが高くなる。また、たとえ本人が自分の死去に際して土葬を希望したとしても、家族がそれを快く実行してくれるかどうか。心情的に二の足を踏まれてしまうことのほうが多いらしい。なお二〇〇一年に市民グループ「土葬の会」が発足して積極的に活動を行っており、ホームページからアクセス可能である。

土葬には人が土に還《かえ》るといった意味合いが込められているだろう。人間もまた地球の一部というわけで、土の中にそのまま葬られるのはいかにも自然な終焉《しゅうえん》と言えるかもしれない。だが自分にとって大切な人や、あるいは自分自身が地中で腐り果てていく様子を想像すると、いささか抵抗感が生ずる。悪臭を放ちながら腐敗していく何十キロものカタマリは、正視に堪えないだろう。心が萎えてくる。

ならば火葬はどうか。白い灰と化してしまうのは、いかにも潔い。「けじめ」がついたような気分にさせてくれるだろう。でも柩をレールに載せ、炉へ送り込むべく小さく真っ暗な穴へ押し込む瞬間は、やはり息苦しくなる。一時間少々のあいだ、炉の中では何が起きているのか。『うちのネコ、ボクの目玉を食べちゃうの？　お答えします！　みんなが知りたい死体のコト』という本がある（ケイトリン・ドーティ、十倉実佳子《とくらみかこ》訳、化学同人二〇二一）。ロサンゼルスの葬祭ディレクターである著者が、子ども向けの質疑応答という形で、死体や葬儀に関する忌憚《きたん》ない知識を披露するブラック・ユーモア風味の一冊である。同書には火葬によって炉の中で生じる光景が記されているのでその一部を引用してみたい。

火葬が始まってからの最初の十分間に炎のターゲットとなるのは体の軟組織。体の〝ぷよぷよしているところ〟と言ってもいいでしょう。ここで筋肉、皮膚、内臓、脂肪などが焼かれ、縮み、蒸発するのに伴い、頭蓋骨や肋骨が現れてきます。そして、

頭のてっぺんの骨が「ポン！」とはじけ飛んだかと思うと、黒くなった脳みそが一瞬のうちに焼け尽くされます。人の体の約六〇％は水分ですが、ここで体液を含めたすべてのH_2Oは蒸発し、炉の煙突から出ていきます。

補足をすると、焼灼《しょうしゃく》によって筋肉や腱が縮む。そのため四肢は自《おの》ずから折れ曲がる。そうした変化が不規則に起こるから、炉の窓から中を眺めていたら、死体は焼かれてのたうち回っているように見えるだろう。あまり気分のよくないシーンである。

プラハに生まれた作家ラジスラフ・フクス（一九二三〜一九九四）の長篇小説で『火葬人』（原著は一九六七、翻訳は阿部《あべ》賢一《けんいち》、松籟社《しょうらいしゃ》二〇一二）という作品がある。第二次世界大戦を間近に控えたプラハを舞台に、火葬場に勤務するコップフルキングルという男（妻子あり。表面的には温厚な紳士を気取っているが、精神的には空疎で承認欲求が強い不気味な男）が、ナチスに入党し、認められたいがゆえにユダヤ人の妻と息子を殺し「ガス焼却炉」の責任者にしてもらって喜ぶという気色の悪い話であるが、彼は火葬こそが最善の葬儀であると信じている。彼の理屈は以下の通りである。

……神はうまく取りはからっておられます。《塵である汝は塵のなかに帰るのを忘れるな》と人間に言っています。塵から人間を造っただけではなく、人生がもたらし、さずけたありとあらゆる心配や苦悩、そしてありとあらゆる失望や不十分な愛にもかかわらず、人間が塵のもとに帰るよう導くのですから……（中略）慈悲深いことに、ふたたび塵に返らせてくれるのです。火葬場というものはですね、シュトラウスさん、神に愛されるものなのです。人間を塵へもどすという神の望みを早めるからです。（中略）地中に埋められた人間が塵と化すのに、どれぐらい時間がかかるかご存じですか？　二十年です。それでも、骨は粉々にはなりません。火葬場であれば、骨も含めて――今はコークスの代わりにガスを使いますから――わずか七十五分ほどです。

コップフルキングルは言い募る。火葬は人間が塵へ戻るプロセスを早めるから、それは神を手助けすることになるのだ、と。わたしとしては、全知全能の神の手伝いをいちいち人間が行う必要なんかないと思うが。それに神の目から見れば、二十年も七十五分も大差ないのではなかろうか。

といった次第で、土葬か火葬かどちらがいいのか問われたら困ってしまうだろう。どちらにも一長一短がある、といったところか。しかし現在ではコロナ禍による葬儀のありようの変化もあり、近親者のみのコンパクトな火葬が標準仕様となったようである。陰鬱な想像力など働かせる前にさっさとすべてが済んでしまう現代方式がいちばん心を煩わせずに済むと個人的には思っている。

死者に対する真摯な向き合い方は一律ではない

加能作次郎《かのうさくじろう》（一八八五〜一九四一）は田山花袋に師事した自然主義作家だが、郷里（石川県）の海難事故を題材とした短篇「屍《しかばね》を嘗《な》めた話」（一九二〇）は、古老が語る昔話のようなトーンを帯びつつもひどくリアルな手応えを感じさせる（『世の中へ／乳の匂い』所収、講談社文芸文庫二〇〇七）。

北陸にあるS漁村では、旧盆を過ぎた頃から大漁が続いていた。連日、烏賊《いか》が面白いように釣れる。だがこんなときほど天候の急変に留意しなければならない。とはいうものの、大漁の興奮で若い漁師たちは舞い上がっていた。油断をしてしまったのである。

案の定、天候が急変した。「夜中過ぎになって突然大暴風が起こった。村の人達が、轟々《ごうごう》たる風浪の響に眼をさまして、驚いて外へ飛び出した時分には、風は家を揺がすばかりに吹き荒れ、山のような怒濤《どとう》が海岸に逆巻き寄せて居た。暗澹《あんたん》とした空には雲の間を洩《も》れた一つ二つの星が、特に気味悪く物凄いほどの光を放って居た」。漁に出ていた六艘の漁船すべてが遭難し、二十四名の漁師たちが犠牲となった。
嵐が過ぎ、一週間近く経ってから、ぼちぼちと水難者たちが浜辺に流れ着くようになった。死体捜索の船が海に出てもそのときには見つからないのに、なぜか夜の間に遺体はひっそりと漂着する。

十日ほども経ったけれど、死体はまだ五つ六つしか揚がらなかった。眼は抜け鼻は落ち、耳は離れ、胴は大樽の様に腫《は》れ膨《ふく》れ、皮膚は剝《は》げ、肉は腐り爛《ただ》れ、手足は或は傷つき或は捥《も》がれ、誰の者ともはっきりと分からなかったが、或は歯の形に或は爪の形に、或はどこかの傷跡に、或は手首に千切れ残って居るシャツのボタンに、どんな些細な特徴でも、その者らしいものがあれば、人々は自分の身内の者として引き取った。或る者はまるで何者だか見当がつかなかったが、その母親が死体の顔を撫《な》でると、落ち窪《くぼ》んだ眼窩《がんか》と鼻孔《びこう》から血が流れ出たというだけで、自分の息子に違いないと引取ったものもあった。

さらに日が経ってから、二つの遺体が漂着した。そのうちの一つが、S村の喜三郎ではないかと思われた。「その形こそ見る影もなく浅間しいものになって居れど、その骨骼《こっかく》から、全体の面影から、殊に左利きで左腕の力瘤《ちからこぶ》が高いことと言い、両方の拇指《おやゆび》が蝮《まむし》指であることと言い、どうしてもそうに違いないと人々には思われた」。その喜三郎は二十五六の若者で三つ違いのお鶴と二人暮らし、子どもはまだいなかった。お鶴は評判の美人、夫婦仲は羨まれるほどに良く、そのため難破の報があってから「お鶴は悲嘆のあまり気が狂ったように」なっていた。

早速お鶴も浜辺に駆けつけたが、なぜか遺体を夫であると認めようとしない。「これが喜三さんや？　どうしてこれが家の大事な喜三さんやと思われるもんか！」と言い放つ。「家の喜三さんは、もっともっと立派な人やった」

いくら村人たちが説得しても彼女は違うと言い張る。するとある老女が、「そんなら、その顔を嘗めて見さっしゃい。喜三さんのなら舌に引っ付くし、喜三さんでなけりゃ引っ付かないさかい」と提案した。水死した遺体を、もっとも近親の者が嘗めてみればきっと舌にくっつく、という言い伝えが村人たちには信じられていたからである。


「嘗めって？」とお鶴は叫んだ。

「あ、嘗めて見れば分かる。」

「本当にね？」

「あ、本当や。昔から皆そう言うとる。」

「そんなら……」とお鶴は全く無感動な表情をしながら腰を屈《かが》めかけた。

立ち列んでいる人達は、皆な無気味さに打ち震えながら色を失った顔を見合わせた。

昼の暑さを思わせる様な午前九時頃の晴れた太陽は、ぱっと浜一面を照らしていた。何人も鼻を押えずにはいられないような譬《たと》えようもない悪臭が、あたりの空気を濁して、無数の蝿が菰《こも》を被せた死体の周囲にブンブンと群がっていた。

お鶴は菰を少し刎《は》ねめくったかと思うと、いきなり眼を瞑《つむ》って、死体を抱くようにして自分の唇をその爛れた額の上に押しあてた。

皆な「あっ！」と微かな叫び声をあげて顔を外向《そむ》けた。

まさか本当に彼女が嘗めるとは、誰も思っていなかったのではないか。それにしても、どう話が展開するのかと息が詰まるようではないか。

一瞬の後に刎ね返るように身を起こしたお鶴は、真蒼《まっさお》な見るも物凄い顔付きをして、周囲に輪を作っていた人達の間を掻《か》き分けて、物も言わず五六歩走り出した。そして驚いて彼女を見つめている人達を凄い眼で睨《にら》んだ。

（中略）

「どうやった、どうやった？」

お鶴は黙って首を横に振った。そして決まりの悪そうな微笑さえ浮かべて、チュッと砂の上へ唾を吐いた。

「引っ付かなんだかいの？」

「引っ付くことは引っ付いたれど、うちの喜三さんやない、喜三さんはあんな人やない。」

お鶴はこう早口に言って、やがて村の方へ一目散に駆け出した。

結局、お鶴は遺体を引き取ることはなかったが、その後の彼女の生き方や村人たちの感想などは書かれずに小説は終わっている。遺体はそのまま村人たちによって浜に仮埋葬された。

わたしはお鶴が水死体を喜三郎ではないと最後まで言い張った顚末《てんまつ》に、いささか驚いた。人情として、たとえどんなに変わり果てた姿であろうと、少しでも当人を示唆する痕跡があればその事実にすがりつき、弔《とむら》いというプロセスに則《のっと》って心の整理を図るのが普通ではないのか。

グロテスクな姿に変わり果てたからお鶴は遺体を喜三郎ではないと主張したわけではあるまい。おそらく彼女は、弔いを拒んだのである。それはお鶴にとって喜三郎を忘れ去る便利な（あるいは狡猾《こうかつ》な）儀式と思えたのだろう。そんな妥協はしたくない。物体としての遺体なんかどうでもいい。どいつもこいつも安易に妥協をしやがって、といった怒りが彼女の心を突き上げたに違いない。「驚いて彼女を見つめている人達を凄い眼で睨んだ」のも、「決まりの悪そうな微笑さえ浮かべて、チュッと砂の上へ唾を吐いた」のも、喜三郎に対するお鶴なりの激しい愛情である。しかしその振る舞いは、現代ふうに申せば、一途《いちず》なヤンキーの女子的なものを連想させ、わたしとしてはかえって心を動かされたのだった。

お鶴さん、カッコいいぜ！

死者に対する真摯な向き合い方は、決して一律なものではない。

死体は「ニセモノ」じみてくる

大学の医局で同僚だった人物が、海辺の町で開業した。三十年近く前だろうか。いろいろとうんざりするようなことが重なったので、自分ひとりで切り回せるように開業の道を選んだのかもしれない。本人は、海が好きなので海の近くでクリニックを開いたのだと語っていた。べつにサーファーだったわけでもなく、単純に海が好きだったらしい。

常々わたしは海を不気味な存在としか思っていなかったので、彼の説明を十分には理解できなかった。そういうものなんだなあとしかコメントのしようがなかった。

高橋たか子の小説「顕《あら》われ」（一九七九）を読んでいたら（『怪しみ』所収、新潮社一九八二）、主人公の女性が深海を恐れる描写が出てきて我が意を得た。

私には日頃、深海の測りしれない冥暗にたいする畏怖があった。思い浮かべるだけで私の生きていることそのものをおびやかされる。水中カメラで撮った深海のうつく

しさを映画で見ることがあるが、実際は全然あんなものではないだろう。光を当てているからである。あの、水流のきらめきや白い水泡や奇妙な色合いの岩肌や海草や魚たちといった光景から、光をとりのぞいたら、どんなものになるか。うつくしいどころではない、とらえどころのない冥暗のひろがりそのものだろう。なぜ日頃そんなものを想像してしまうのかわからないが、想像するたびにぞっとするものが肌身に起る。

この真っ暗な海中のイメージは、ときおり死後の世界と重なるような気がして胸の内が重くなる。奇形めいた深海魚だの甲殻類たちこそが、地獄を司《つかさど》っている鬼と考えたほうがはるかに分かりやすい。

さて小説「顕われ」において、主人公の「私」は色白で繊細な美少年である瑞男にフランス語の個人教授をしている。彼が大学受験の外国語にフランス語を選んだからだ。「私」は瑞男にセクシャルな関心を抱いている。性行為には至っていないようだが、彼の美しさを快く感じている。そんな瑞男が、九月の初めに溺死してしまう。友人四人と海水浴に出掛けたのだが、彼は行方不明になってしまう。結局、岩陰の、長い藻が密生している海中に絡みつかれて死んでいたという。

なぜ長い藻の茎が足にからみついたのか。また、なぜそれを振りほどけなかったのか。場所は深海といったところではない。海面からわずか下った深さで、そんなことが起るのか。あの瑞男の細い白い足首に、長い生きものみたいな茎がまきついて、もがけばもがくほど胴にも腕にもまきついてしまう。手足をばたつかせる。髪が水流にながされて広い額のあらわれた頭を、必死に上下させている。そんな恰好が、私の内にとりこまれてくる。私は息ぐるしくなり、自身の痛みとしてそれを抱きこみ、深く深く沈んでいく。ところが、そんな哀しみをあざ笑うように、水死体の、膨れあがった姿がたちあらわれてくる。私のよく知っている瑞男だったものが、似ても似つかぬ大男に膨張して、目も鼻も口も耳もとろとろになり、重すぎて、うっかり抱きかかえようとしようものなら、こちらを押しつぶすふうにのしかかり、濡れた魚のようにつるんと私の手もとからすべり落ちてしまうだろう。なにかそんな夢を見たことがある。知っている人が恐い恐いものに変貌してしまい、何を言っても言葉も通じなくなる夢、あんな夢みたいに、瑞男がぞっとするような大きすぎる物になってしまった。深海の畏怖と、もがいている瑞男の哀しさと、そしてこの変貌への恐れとが、長い藻の茎のように私にからみつく。

確かに死者というものには「知っている人が恐い恐いものに変貌してしまい、何を言っても言葉も通じなくなる」といった印象が伴っている。そのいっぽう、どんな姿になろうともこの死者はかつて思いを寄せた人物であるといった気持ちも生ずるだろう。複数の感情がいっぺんに立ち上がって、収拾がつかなくなりかねない。それゆえに、葬儀という形式がある。葬儀は形骸化しているほうが、実は残された者にとって気が楽になるかもしれない。形式的だからこそ、地中で腐ったり火中でのたうち回ったり水中で怪物のように膨れ上がったりといった事実を首尾良く頭から閉め出し、残った者の心をどうにか立て直すことを可能にする。

瑞男の死に打ちのめされた「私」は、東海道線のM駅からバスとタクシーを乗り継いで、とある修道院の「黙想の家」へ赴き、そこで瑞男について考える。そして「わたしが生きている時、わたしではない別な誰かがわたしの内部にわたしに重なって生きているのがわかる瞬間があるのだった。死んだ人が、そうして、わたしの内部にあらわれているのだった。死んだ人は無くなったのではないからである」と思い至る。

いささか突飛な考えのようにも思えるが、実感として密《ひそ》かに首肯できる人もいるに違いない。わたしも七十を過ぎてから、そのような発想にうっすらと共感を覚えることがある。自分の内部に、自分と重なって生きているのは母であり父である。

職業柄、わたしはそれなりの数の死体と遭遇してきた。産婦人科医のときは、癌《がん》によって亡くなった患者たちが中心だった。精神科医になってからは、自殺を中心に、訪問診察での不審死や事故死、認知症患者の終焉などに立ち会ってきた。

死体の顔を見るといつも、微妙な違和感を覚える。ものすごく精巧に作られたニセモノみたいに感じられるのである。生命活動が終わっているわけだから、生前とニュアンスが異なるのは当然だろう。今やただの物質に過ぎない。にもかかわらず、それが生きている人間と「似過ぎている」。不気味の谷を実感させられている気分だ。自分の親のときもそうであった。

ニセモノじみて目に映るからこそ諦めが生じ、渋々ながらも死という事象を受け入れられるのか。それとも、ニセモノとホンモノとを隔てるものがすなわち魂の有無で、それが永遠に失われてしまったと痛切に感じてなお悲しくなるのか。わたしは前者であったので、淡々としていた。

小学校にはまだ入っていなかった頃であろうか。箱根の温泉に泊まりがけで遊びに行った。両親とその友人、幼いわたしを含めて五、六人での旅行であった（子どもは、わたしだけ）。

まだ昭和三十年代に入ったばかりの時分だ。着いた旅館は木造の日本家屋で、石垣を高く積んだ上に建っていた。石垣の下は渓流で、建物の向かいには川を隔てて木々が厚く生い茂っている。観光と入浴、やたらと品数の多い夕食、大人たちは酒を飲んだり麻雀をしたり世間話に花を咲かせたりしている。子どものときから、大人の会話を横で聴きながら自分なりに想像を膨らませるのが好きだったので、ことさら遊び相手がいなくてもわたしは十分に楽しかった。

深夜。一階にある広い部屋に全員が雑魚《ざこ》寝《ね》状態であった。遊び疲れて、大人たちはだらしなく眠っている。睡眠が浅かったのは、当方だけだろう。窓の外からは、川のせせらぎが伝わってくる。山の夜は、闇がことさら深かった。

明け方になって、わたしだけが目を覚ました。窓を開ければ、たちまち早朝の冷気が侵入してくるだろう。開けるのは我慢して、ガラス越しに朝靄《あさもや》の風景を静かに眺めていた。

額を窓ガラスに押しつけるようにして視線を下に落とすと、石垣の縁から三〇センチくらい後退した形で旅館が建っているのが分かる。通路のような狭いスペースが、旅館の壁と虚空との間に設けられている。建物の手入れや補修のためだろうか。その危ういスペースに、異様なものがあった。

浴衣に下駄、小太りで坊主頭の男が横たわっていたのである。仰向けではあるが、横たわっている場所の幅が狭いので、身体を無理矢理に建物へ押しつけたような姿勢だ。わたしは冷たいガラス越しに、男の顔を見詰めた。彼は目を閉じている（もし瞼《まぶた》を開いたら、わたしと視線が重なるだろう）。微動だにしない。いや、下手に動いたらたちまち石垣の下に転げ落ちる。高さからすると、危険きわまりない。

剃りたての坊主頭がいやに青々としていて、それが目を背けたくなるような生々しさであった。額が狭く、眉が濃い。鼻は大きく、耳の位置がどことなく変である。顔全体の印象としては、寡黙だが意外なほど図々しそうな人物を思わせる。口はだらしなく半開きであった。二十代後半くらいであろうか。ざらついた肌や毛穴、朝靄による細かい水滴が顔に付着している様子、無精《ぶしょう》髭《ひげ》や睫《まつげ》の生え具合などが、驚くばかりの高解像度でわたしの目に映っていた。

かたちは人間のようだが、こんなところに人間が横たわっているのはおかしい。呼吸をしているのかどうかは、はっきりしない。いったいこのような状態の、このような存在を何と呼べばいいのか。

母親を起こすことにした。揺さぶりながら、「ねえ、ねえ、窓の外に人が寝ているよ」と告げた。それ以外に、幼いわたしには表現のしようがない。母は、「なにを寝惚《ねぼ》けたことを言ってんのよ」と相手にしてくれない。それでも執拗《しつよう》に言い募ると、しぶしぶ彼女は起き出して窓に顔を寄せた。次の瞬間、いきなり顔を強張《こわば》らせ、父を叩き起こした。しばらくすると全員が起きて窓に群がっていた。すでに窓は開け放たれている。誰かが番頭に連絡を取り、早速部屋に駆けつけてきた。

以後は大騒ぎである。仲間に身体を支えてもらいながら父が窓から身を乗り出し、浴衣の男の脈を診たり呼吸を確かめると昏睡状態だが微かに息はある。とにかく男を室内に引っ張り込み、救急処置をしなければならない。父はその頃保健所長をしていたがもともとは外科医である。蘇生はお手のものである。

番頭がおろおろしている間に、大人たちが手を伸ばして男を窓から中へ引きずり込んだ。

一斉に声を揃えての作業である。いかにも重そうであった。下手をすると石垣の向こうに落下してしまう。いつの間にか、女中も何名か姿を現している。

溺れた人物を海からボートへ救い上げるような調子で、浴衣を着たままぐったりしている坊主頭の男が窓から徐々に室内へ入ってくる。わたしは襖《ふすま》の前に立ってその様子を眺めていたのだったが、部屋で見る男の顔も身体も、発見時に比べて明らかに大きいのである。それはおそらく錯覚だったのだろうが、今になって表現してみるなら、さながら巨大化した溺死体を前にしたように感じられたのだった。

これはもう、恐ろしいとしか言いようがない。明け方にわたしが発見したときには、サイズ的には普通の大人であった。ただし、おそらく死の概念がまだ当方には十分に備わっていなかったのではないか。生死もはっきりせず、観察してもどこかリアルさが欠けている。そんな曖昧な存在が、それを部屋に引き入れたら大きさが二回りか三回りくらいに増していたのである。もはやホラーに近い。

部屋に横たえられた巨大な男に跨《また》がるようにして、父は蘇生を試みている。番頭はやっと我に返り、電話で救急車を要請している。室内には緊張した空気が漲《みなぎ》っている。蘇生はいいけれど、坊主頭の男が不意に両目を開き、父を撥《は》ね飛ばし、咆哮《ほうこう》を発しながら暴れ回るのではないか。そんな荒唐無稽な発想すらがわたしの頭の中には生じていた。

それからどうなったのかが、記憶からは抜け落ちている。救急隊が来て病院へ運んでいって一件落着となったのだろう。後日、番頭から父に丁寧な礼状が届いたと教えられた。それによると、男はもともと鉄道会社で働いていたが（独り暮らしだった）馘首《かくしゅ》され、しばらくしてから箱根に来て金を持たずに某旅館に泊まっていた。夜になって持参していた睡眠薬を大量に服薬したまま外をふらついていたが、なぜか迷い込むようにわたしたちが泊まっていた旅館に辿り着き、石垣の出っ張りみたいな場所に身を横たえた。睡眠薬で死ぬか、あるいは渓流に転げ落ちて死ぬか、そのどちらかで死ねるだろうと目論んでいたらしい。遺書は書かなかった。実家は岐阜県にあり、姉が連れ帰ったという。

あの男が、その後、再び自殺など図らずに無事生き続けたとしても、年齢的に既に鬼籍に入っていると思われる。こうして書き綴《つづ》りながら、生死の境にあっても人の顔はニセモノじみてくるのだなと、あらためて感じた。

死体の圧倒的実在感

この章の最後に、絵葉書の話をしてみたい。

六、七年前だろうか、主にオークションを通じて絵葉書をコレクションしていた時期がある。漫然と集めていたわけではない。コレクションには、テーマが必要である。テーマがなければ、それは精神的にゴミ屋敷と変わらない。

我が国においては明治から大正、昭和初期にかけて、絵葉書が現代における写真週刊誌的な役割を担っていた。事件があると写真が撮られ、それが簡単な解説とともに絵葉書仕立てで売られる。報道というよりも見世物的な要素が強く、ある種のいかがわしさが伴っていたのも、写真週刊誌と同じである。したがってエロ系の絵葉書も結構あった。

わたしがテーマにしていたのは、飛行機の墜落現場である。

ライト兄弟の頃よりは進歩したものの、まだエンジンも操縦席も剝《む》き出しで、印象としては凧《たこ》に近い複葉機《ふくようき》——アンリ・ファルマンやニューポールなどが主に日本陸軍で採用されていたが、そのほか民間機も含め、黎明期《れいめいき》の飛行機はしばしば墜落した。ときには民家の屋根にも落ちた。そうした墜落現場の写真絵葉書を熱心に集めていた。墜落五分前、どこそこを悠然と飛行中のナントカ中尉の機体、なんていう不穏なキャプションを付されたものもあった。

どうしてそんなものをコレクションしようとしたのか。当時、わたしは気落ちするような出来事が重なり、気持ちがすっかり追い込まれていた。世の中は悪意や無神経、付和雷同によって成り立っているような気分になり、おまけに体調も悪く、屈託そのものの人間に成り果てていた。

心が荒《すさ》むと、誰も見向きをしないようなことに（あえて）熱中したくなる。無意味で愚かしいことに意欲を託すことで、自分だけの小世界を構築したくなる。その世界に引きこもり、自虐と自己肯定の両者をいっぺんに成立させたくなるのだ。孤立したまま、怒りや恨みを奇妙な果実へと結実させたくなる。その具体例が、すなわち墜落飛行機写真コレクションだったわけである。

それなりの枚数が集まってくると嬉しくなる。壊れてばらばらになった飛行機の写真は、たしかにわたしの心を慰めてくれた。

ところがしばらくして、意外な事態が生じた。野原へ無残にアンリ・ファルマン機が墜落している写真があり、既に同じ事故を別な角度から撮影したものは数枚所持していた。だがもっと別な視点から撮ったものがあったのである。

その写真絵葉書には、パイロットの死体が写っていた。ひしゃげた機体から数メートル離れた地面に、黒っぽい丸太のようになって死体が転がっている。それがオークションに出品されていた。

本来ならばコレクターとして、「これは珍品だ！」と喜んで飛び付くべき一枚である。関東大震災の直後には多数の遺体が映り込んだ写真絵葉書が販売されたし、植民地において処刑され首を刎ねられたり首を吊られた罪人の写真などもたまにオークションには登場していた。死体の写真はさほど珍しくはない。

だが飛行機の墜落写真で操縦士の死体まで一緒に写っているのを目にしたのは初めてだった。ならばそれを購入すべきなのか。そこで迷ってしまったのである。

わたしは墜落に興味を寄せてはいたが、パイロットが死亡したとしてもそれを「いい気味だ」とか「ざまあみろ」などと思うわけではない。墜落写真の現実離れした光景に関心を寄せていただけで、犠牲者がどうしたといった文脈とはまったく別なものであった。にもかかわらず、実際に死亡した人間が映り込んでいる。これには当惑せざるを得ない。率直に申して、死体まで写っているのは不謹慎だと感じる。それに縁起が悪い。不吉だ。自分が気落ちしている状態なのに、不幸な人間の姿を入手してどうなるというのだ。

だがコレクターとしての立場からは、この死体が写っている一枚はレアものである。これをコレクションに含めないのは、いかにも勿体《もったい》ない。今後、手に入れるチャンスは巡ってこないかもしれないのである。

逡巡《しゅんじゅん》した挙げ句、入札には参加してしまった。何人かの入札者を蹴落とし、落札した。オークションが終わり、死体の写っている絵葉書が封筒で送られてきた。開封してみると、やはり遺体がしっかり写っている。他のコレクションと一緒に引き出しに入れておいたが、日増しに自己嫌悪の感情が高まってくる。とにかく自分の振るまいがゲスなものに思えて仕方がない。とはいうものの、オークションに参加しなかったらそれはそれで悔やんだに違いないのである。

およそ一ヶ月、もやもやした気分のまま絵葉書は仕舞い込んでいた。それこそ罰《ばち》でも当たりそうな心配までしていた。そして遂に、耐えきれなくなった。肝心の絵葉書は裏返しにして鋏《はさみ》で細く切り刻み、そのまま捨ててしまった。燃やしたほうが良かっただろうかとか、寺で供養してもらうべきだろうかなどと考えたりもしたが、いかにも罪滅ぼしをしているようでわざとらしい。

今思い返しても、自分の性格に鑑みて、この行動しかあり得なかった気がする。まあそれはそれとして、死体というものの圧倒的な実在感や、迷信じみた感情まで惹起するその力には頭を垂れるしかない——そう思わざるを得ない。

第6章

死と悪趣味

「滑稽」の効能

今までに読んだ本の中で、もっともリアルに死が描写されていると感じた作品は何であっただろう。「あれ」だ。内容は記憶していたものの、タイトルも作者も失念していた。「あれ」では確認のしようがない。

ところが昨夜、「あれ」が何であったのかいきなり思い出した。本を開いてみると、まさにその通りである。作者は高橋たか子、作品名は「双面《ふたおもて》」であった（短篇集『双面』所収、河出書房新社一九七二）。昭和二十五、六年頃に、主人公である女性に元軍医の男が語った戦地ビルマ（当時）でのエピソードである。

「インパール戦の時でしたかな」

と、元軍医は語りだした。第一線は撃つに弾なく、いまや豪雨と泥濘のうちに、傷病と飢餓のために、戦闘力を失うにいたれり、といった状態だった。もっとも彼はずっと後衛部隊にいた。降りつづいた雨で川には褐色の水がすばやく流れていた。橋が流されてしまって工兵隊が復旧作業をしているが、豪雨のためにその日のうちに完了

する見込みがない。たいした川でもなくいちばん深いところでも背丈を越すほどではなさそうだから、鋼線を対岸にわたしてつかまって渡ることになった。上官にひどく憎まれている上等兵がいた。なぜ憎まれているのかよくわからない。田舎者の人懐っこい青年だった。その上等兵がいわば毒見の役割に名指された。この流れが危険でないかどうか最初に渡れというのだ。彼は無造作に川にはいった。だが鋼線につかまりながら四、五メートルすすんだ時、ふいに硬わばったように立ち止った。首のところで濁流が渦巻いた。水圧でそれ以上うごけないらしい。一瞬後、手は鋼線を握ったまま、人形のようにかるがると両足が浮き、仰向けになった。彼の眼は軍医のほうへ向けられた。特に軍医を見たわけではないだろう。許しを乞うような悲しい眼だった。岸にいる者たちは助けに行こうともしなかった。軍医もそうだった。みなは豪雨に打たれながら白痴のような顔で見ていた。連日連夜歩きどおしで疲れきっていた。たちまち上等兵の手が鋼線からはなれ、軀は濁流のなかに隠れてしまった。ずっと下流でもんどり打った足が木片のようにちらりと水面に覗いただけだった。

「あっけないものです、一つの命が消えるということは。そういう戦死もあるわけです。あの最後の眼が、私には今でもありありと見えるようだ」

この生々しさはどうだろう。そして不条理さは。両手で鋼線を握ったまま、両足が絡繰《からく》り人形のようにひょいと浮かび上がり濁流の水面で仰向けになってしまう。その動きだけを見れば、滑稽《こっけい》とすらいえるだろう。だが上等兵にとって、それが生死の分岐点だった。仲間の兵隊たちがぼんやりと無表情のまま見守っているうちに、遂に彼は耐えきれずに手を離してしまう。するとあたかも遊園地の遊具で戯れるかのようにして、あっという間に彼は死へ呑み込まれてしまう。まさに呆気《あっけ》ないとしか言いようがない。

作者が想像力のみで紡ぎ出した話とは思えないのである。大同小異の物語を、実際に耳にしたことがあるのではないか。敗戦の年、高橋は十三歳だったから、若い頃に戦争にまつわる「ここだけの話」を聞く機会もあったような気がする。話さずにはいられなかった人たちが、数多くいたに違いないのである。昭和二十年代には、そんな雰囲気が漂っていた筈《はず》である。

このエピソードのリアリティーは、シリアスそのものである出来事が人形めいた動きを介して「滑稽さ」にタグ付けされてしまうといった気味の悪さに準拠している。そのちぐはぐさは、もはや悪趣味の領域に位置するだろう。
では悪趣味とは何か。ジェーン&マイケル・スターンによる大冊『悪趣味百科』(伴田《はんだ》良輔《りょうすけ》・監訳、新潮社一九九六)から、定義について引用してみる。

……役に立つと思われる定義を、ハリウッドの美術監督ニコライ・レミソフがしている。彼が一九六〇年にフランク・シナトラ主演の映画『オーシャンと11人の仲間』の仕事で、初めてラスヴェガスに行ったときのことである。旧ソ連からの亡命者であるレミソフは洗練されたセンスの持ち主で、撮影所でB級映画作品を担当するのは全く不慣れだった。原始時代のような砂漠の静けさの中に、けばけばしい光が現れるのを見たとき彼は、「悪趣味だ! 悪趣味だ! 悪趣味だ!」と呟いた。それを聞きつけ好奇心に駆られた見物人が、良い趣味のものとはどんなものかとレミソフに尋ねたところ、彼は長い間考え込んでからこう答えた。「趣味の良いものとは、その場に相応しいものである」と。

なるほど、死の場面において「滑稽さ」はまったく相応しくない。場違いだ。死者に失礼だし不謹慎だ。人間の尊厳にも関わるだろう。でも滑稽さが死という事実を際立たせるどころか、死んだ当人を決して忘れさせないという効能をも発揮している。あるいは滑稽さをクッションとしなければ、往々にしてわたしたちは死という残酷で不条理な場面を受け入れきれない。そもそも死そのものが、人生にいきなり割り込んできた「悪趣味な」事象であろう。

富岡多恵子《とみおかたえこ》の短篇「弱肉《じゃくにく》」(『遠い空』所収、中央公論社一九八二)ではA子さんという女性の死(自殺)が描かれる。「……A子さんは四十二歳で独身、それまでに結婚した経験もなく、その時は父親の死んだ家で父親の内縁の妻であった六十何歳かの女性とふたりで暮し、或る大きな病院の専属つきそい婦として働いていたひと」で、その六十何歳かの女性が死んだあとはそのまま同じ家でひとり暮らしをしていた。つきそい婦をしているのに病気がちで「……糖尿病や自律神経失調や鼻の病気やと、病気でうずまることが多かったが、病気にならないと、だれもそばにきてくれないということもあった」。寂しい人だったわけである。

A子さんには躁鬱的なところがあったようで、それゆえの日常生活の二重性が読みどころではあるのだが、ここでは彼女が自宅で縊死《いし》した情景について紹介する。

風呂場の窓ガラスを破って家に入り、A子さんを鴨居からおろしたのはA子さんの姉の三男だった。三男だけが東京に住んでいた。その三男の説明によると、四畳半の部屋には半分ウイスキーの残ったジョニーウォーカーのびんがあり、十箇ぐらい入る洋菓子の紙箱の中に食べ残した苺のショートケーキが五ツ六ツくずれて倒れ、さらに、大福餅がいくつかころがっていたとのことだった。A子さんはジョニーウォーカーをぐいぐい飲み、苺のショートケーキの白いクリームにかぶりつき、大福餅を頬ばって、たったひとりの最後の宴をしたのだった。ひと月ばかり前に自分が患者となって入院していたつとめ先の病院から退院してはいたが、まだ病院から好きな酒は禁じられていたし、甘い菓子類も禁止されていたから、最後の宴には、なにいってやんだとばかりに、禁止の酒や菓子を思い切り飲んだり食ったりしたにちがいなかった。それにしても、酒好きの人間が酒を飲んだあとかさきかはわからぬが、白いクリームの盛りあがった洋菓子や大福餅を一度に大量に食べるというのは、それが、この世の最後の宴だからこそできたにちがいなかった。

こんな光景を目にしたら、コメントのしようがあるまい。いじましいのか、浅ましいのか、何とも言いようがない。念のために申し添えておくと、当時ジョニーウォーカーは高級なウイスキーの代名詞として知られていた。赤ラベル（通称ジョニ赤）と黒ラベル（ジョニ黒）があり、後者のほうがより高価だった。A子さんがどちらのラベルのものを飲んだのかは分からないが、いずれにせよ彼女には似つかわしくない銘柄ではある。

苦笑したくならないでもないが、陰惨な滑稽さが漂っているのは確かだろう。さらに追い打ちを掛けるような記述もある。

A子さんの住んでいた家は戦後間もなく建てられたらしい棟割長屋のようにびっしりと並んでいる狭い家の一軒であった。狭いといっても二階があるのだが、「お母さん」の死後、二階を貸していて、その二階を貸すために、玄関ともいえぬ家の出入口を二階専用にして階下とは仕切りの壁をつくり、階下に住むA子さんの出入口には風呂場の横の、からだを斜めにしてやっと通れるくらいの勝手口をあてていた。それで死んだA子さんの棺桶は狭すぎる勝手口から運び出せず、やっとのことで風呂場の窓から、表通りのアスファルトの地面へ逆さに落とすようにして出され、A子さんは風

呂場からあの世へいくことになったのである。

これまた神妙な顔をすべきか薄笑いを浮かべるべきか分からないような話である。もちろんこれは小説ではあるものの、どこかリアルな手応えを感じずにはいられない。それはもしかすると、滑稽さの部分がいかにも「ありそうなこと」に感じられるからかもしれない。死が人間にとってもっとも無防備な状態であると考えるなら、それが十全に表現されていると思いたくもなるのである。

棺に収められれば、次には火葬が待っている。竈《かまど》で焼かれ、脆《もろ》い骨になる。

木山捷平《きやましょうへい》の短篇「釘」(一九六七、『井伏鱒二/弥次郎兵衛/ななかまど』所収、講談社文芸文庫一九九五)ではどのような描写が出てくるだろうか。

友人の画家である酒匂《さかわ》が胃癌《いがん》で亡くなった。小説では死去の連絡を受ける以前に、主人公の作家・正介が磁石を使った釘集めに凝っていたことが語られる。当時は段ボールの箱などはなく、薄い板と釘で組み立てられた木箱が普通に使われていた。それが不要になると、焚火で燃やしてしまう。すると灰と一緒に釘が残る。なぜかその釘を磁石で拾い集めるのに彼は熱中していた。人はときとして奇妙なことに情熱を傾ける。
ここで、火葬された酒匂の遺体が、竈から出てくる場面が登場する。

先刻と同じ人物の従業員が竈の扉をあけた。熱気がぽっと正介の頬にふきつけた。レールを伝って酒匂の死体が骨《こつ》になってこちらへすべり出た。

一同の見まもる中で、従業員が棺に打ってあった釘を拾いはじめた。拾っている道具は正介の家にある長さ六、七センチの磁石にくらべて、何層倍か大きかった。恐らく二十五センチはあろうバカでっかい磁石で、火葬場が工場にたのんで特別注文で作らせたものに違いなかった。おそらく金の指輪やプラチナの入歯が黒こげになっても、その磁石は精密機械のように見落しはしないだろうと思われた。

骸骨の上を走りまわる磁石が、黒こげになった釘を一本残らず吸いよせるあざやかな手さばきを見ながら、正介の胸に何かわけの分らぬ嫉妬のようなものが湧き出た。ことわっておくが、それは金やプラチナに対する羨望嫉視ではなかった。一口にいうと、六十年あまり生きて正介は人生をあれこれ手さぐりで捜して来たが、まだ何一つさぐり当ててはいない苛立たしさの変形のようなものかも知れなかった。

この文章を既に読んでいたので、わたしは親が亡くなったときに、「バカでっかい磁石」と火葬場で出会えるだろうかと半ば期待した。が、父のときも母のときもそんなものは持ち出されなかった。焼け残った釘もなかった。もしマンガのように大げさな磁石が登場していたなら、自分も正介のようにわけの分からぬ嫉妬めいた感情を覚えたかもしれない。

火葬といえば、二〇〇六年二月二十七日付・毎日新聞朝刊の投書欄に載っていた投稿（七一歳、無職の男性）も紹介しておきたい。見出しは《火葬場の寒々しい黒煙を 白煙に》となっている。

妻が10年わずらって逝きだびに付したとき、煙突の黒煙に娘は声をあげて泣いた。自宅でみとった娘の感情のたかぶりもあるだろう。しかしまちがいなく火葬場の黒煙は人の心を寒々とさせる。

火葬は昔から黒煙なのか。１０００年以上前の小野小町は「あはれなりわが身のはてやあさみどりつひには野べの霞《かすみ》と思へば」と歌った。なきがらを焼く煙が春には浅緑色に染まっていく、というのだから白煙だろう。１００年前にも斎藤茂吉が母を野

辺に焼いた体験を「ほのかなる花の散りにし山のべを霞ながれて行きにけるかも」と歌っている。日本人は霞となって流れていく白煙に、亡きひとが自然に帰っていくと感じてきたのではないか。

火葬場の歴史を私は知らないが、いつからあの荒々しい黒煙になったのだろう。現代科学ならば、黒煙を白煙にするのはたやすいだろう。ぜひそうしてもらいたい。

六、七年前まで、わたしは面白いと思った新聞記事をいちいち切り抜いていた。そのコレクションからの引用である。これはこれで投稿した人の気持ちは分かる。投稿せずにはいられなかったのだろう。そんな切実なものをわざわざ切り抜いて保存しておくわたし自身はまぎれもなく悪趣味なわけであるが、べつに揶揄《やゆ》しようとかそんな気持ちはない。が、やはり現代科学で黒煙を白煙に変えろという要望を面白がらずにはいられないのもまた事実なのである。ちなみに当方の両親の火葬の際には煙の色を確かめてみようとしたが、そもそも煙そのもの（それどころか煙突すら）が見当たらなかった。白を通り越して透明な煙になってしまっていたのかもしれない。

さらに、これは下川耿史の『昭和性相史・戦後篇㊦』（伝統と現代社一九八〇）に載っていたエピソードで、個人的には大好きな話なのでぜひ引用しておきたい。出典は当時の新聞・雑誌からとのことだが、具体的な媒体名称は最初から省略されている。

（昭和四十九年7月1日）

東京・品川の東京湾沿岸で、横浜の老女（六一）がドラ焼き二十個をフトコロに入れて投身自殺した。病死した姉さんがドラ焼きが大好物だったので、おみやげにして後を追ったものらしい。

これは心温まる話なのか、それとも切なくなるような話なのか。面白がってはいけないのだろうが、やはり面白い。極楽で姉妹一緒に美味しくドラ焼きを食べている姿を想像せずにはいられないし、葬式の祭壇にもドラ焼きは供えられたのではあるまいか。

面白がっている当方を「いかがなものか」と非難する人がいても仕方がない。でもわたしはやはり「味わい深い話だねえ」と呟かずにはいられない。

このような悪趣味は何に由来しているのだろうか。自問せずにはいられない。

防衛機制、躁的防衛

わたしたちの心には、ストレスや動揺に耐えるべくさまざまな防御システムが組み込まれている。それを防衛機制と呼ぶが、必ずしもそれが首尾良く心を守ってくれるとは限らない。ときにはその防衛機制に頼ったがために、余計に事態が厄介になってしまう。防衛機制には未熟な精神（つまり子ども）において採用されがちなものもあれば、成熟した大人が採用しがちな高度なものもある。どのような機制を選択するのかは、意識的になされるものではない。一見したところは洗練された優秀な人物が予想外に幼稚な防衛機制に頼ったり、と意外性がしばしば伴う。その人の性格、生育史などで異なってくる次第で、人物観察をする上ではなかなか興味深い要素となってくる。

きわめて未熟な防衛機制とされているもののひとつに、躁的防衛と呼ばれるものがある。不安や抑うつ気分に陥らないように、過度に明るく「はしゃいだり」、攻撃的になったりする。それを無意識に行ってしまう。

個人的には現在の世の中そのものが、どこか躁的防衛モードで動いているような気がするが、その点についてはここでは触れない。それよりも、死というテーマは、わたししたちを根源的なレベルで脅かす。そのときに、予想以上に多くの人が躁的防衛モードを発動してしまうのではないか。その際、死を茶化したり馬鹿にしたり面白半分に扱おうとするような不遜な態度は基本的に「その場に相応しくない」ものである。言い換えれば悪趣味ということになるだろう。

死に対して悪趣味な発想をしたり不謹慎な興味を抱くのは、わたしたちの心の中の幼稚な部分が機能しているとも言えるし、シリアスで重苦しい感情に対する切実な対抗策とも考えられるだろう。

ヒッチコック監督の映画『サイコ』(一九六〇)の主人公であり異様な殺人鬼であったノーマン・ベイツ(アンソニー・パーキンスが演じた)には、モデルが存在する。ウィスコンシン州に独りぼっちで暮らしていたエド・ゲイン(一九〇六〜一九八四)である。

彼は(判明している限りで)二名の女性を殺害、さらに墓地から九名の女性を掘り出し、いずれも死体を自宅へ持ち帰った。それらの死体をバラバラに解体し、皮膚を剝《は》いで家具に貼ったりランプシェードを作ったり、仮面(人面マスク)や肌着を制作して自ら装着したり、頭蓋骨をボウルにしたり等、猟奇の限りを尽くした。

犯行が発覚した後に収監されるも、心神喪失としてゲインは精神科病院へ収容された。

が、地元プレインフィールドでは恐怖と困惑から、住民たちは趣味の悪いジョークによって心を守ろうとした。ハロルド・シェクターが著したノンフィクション『オリジナル・サイコ――異常殺人者エド・ゲインの素顔――』（柳下毅一郎《やなしたきいちろう》訳、早川書房一九九五）ではそうした経緯が述べられているので紹介しておく。

……事件の細々《こまごま》としたディテールすべて（エディーの家で発見されたマスクの正確な枚数から監獄で食べた夕食のメニューまで）への極端な注目以外に、事件は驚くべきブラック・ユーモアの大爆発を引き起こした。ゲインに関連した悪趣味なジョーク（〝ゲイナーズ〟と呼ばれた）への熱狂は、すぐに州全体に広がった。

事件発覚から数日後には、ウィスコンシンじゅうの若者が〝ゲイナーズ〟をやりとりしていた。級友とだけでなく、両親相手にさえ。ゲイン・ジョークは最新の流行になり、人がわずかでも集まると、ほとんどオブセッションに近い状態で繰り返された。

ではその悪趣味な〝ゲイナーズ〟とはどのようなものだったのか。サンプルを同書からいくつか挙げてみる。

どうしてエド・ゲインの家では暖房がつけっぱなしなの?
消すと家具が鳥肌になるから。

どうしてエド・ゲインのガールフレンドはデートしたがらなくなったか?
エドがあんまり茶目坊《カット・アップ》だから。　※カット・アップには滅多斬りの意味もある

どうして誰もエド・ゲインとトランプしないの?
いい手を持ってくるかもしれないから。

なるほど、ろくでもない悪趣味ジョークだ。しかし住民の立場になってみれば、「こんなことでも言わなきゃ、やってられないぜ」ということになろう。無理もない。こうした心性もまた、躁的防衛の範疇《はんちゅう》と見なせるのでないか。

とは言うものの、死や死体に対して人はいつも悪趣味で向き合うとは限らない。場合によっては、真面目になることだってある。

一九九五年に出たムック『別冊宝島／死体の本』に、フリーライター（当時）の永江朗《ながえあきら》が書いた「死体洗いの高級アルバイトと都市伝説」という記事が載っている。大江健三郎《おおえけんざぶろう》の短篇『死者の奢《おご》り』に出てきた「解剖実習用の死体を浮かべたホルマリンのプール」だとか、死体を洗う高額アルバイトといった一種の都市伝説的なものの真偽を追及しているのだが（結論から申せばデマである）、その辺りを確かめるべくライターは日本医大の解剖学教室へ赴《おもむ》いている。

わたしの母校であり、解剖学の教授は当方が在籍した頃の教授とは入れ替わっている。時の流れからして当然だろう。でも少し懐かしい（在学中に、男性老人の遺体を三名の同級生と一緒に一年近くかけて解剖したのだった）。

教授と話しているうちに、永江は医学部の解剖実習についてひとつの疑問を抱く。そのあたりのやりとりが興味深いので引用をしてみたい。

ここでふとこんな疑問がわく。何ゆえ本物の遺体でなければならないのか。現在の技術なら本物そっくりの模型も作れるだろうし、コンピュータと3D映像を使うこと

だってできるだろう。これならわざわざ献体をしてもらう必要もないし、出来の悪い学生には何度でも反復した学習をさせられるではないか。

伊藤教授は言う。

「どんなに精巧にできた模型でも、たとえヴァーチャルリアリティでもだめです。本物の人体だからこそ、解剖実習には意味がある」

実習する学生は十九、二十歳。今どきの青少年が、赤の他人の死体を至近距離で見たり触ったりする機会はゼロに等しい。

「僕が学生のときもそうでしたが、最初は非常に緊張します。学生たちは実習期間中、人間のからだのことを知るだけではなく、それとは別にいろんなことを考える。遺体はただの物とは違うわけですから。最初は緊張してぎごちないんですが、そのうちだんだん慣れてきます」

この「慣れていく」プロセスが大切だという。

確かに「本物」の遺体を切り刻んでいくのだから、緊張するし躊躇《ちゅうちょ》する。実習室でなかったら、犯罪に値する行為なのだ。自分がこうして触っている遺体が本物であるのはまぎれもない事実なのに、何となくニセモノみたいな気もする。いったい遺体はモノなのか、それとも生きている人間の延長であり続けるのか。今の自分はいかにも神妙な顔で実習をしているわけだが、それは普段の不真面目な自分と落差がある。現在だけ態度を取り繕《つくろ》っているのであり、それでは遺体に失礼ではないのか。解剖実習を行う資格が、自分には本当にあるのか。

そんなことを考えつつ、皮膚を剝がしたり脂肪を取り除いて神経や血管を露出させる作業に精を出したりするわけである（内臓に達するまでには、かなりの日数を要する）。

「学生たちは実習の期間中、死ぬとはどういうことか、生きているとはどういうことか、真剣に考えます」

なにしろ自分の手で人間のからだをバラバラにしていくのである。その遺体にも人生があったことを思えば、どんな軟派な医学生であれ否応なしに考えさせられる。

この「考える」とはどういうことなのか。伊藤教授は次のように説明してくれた。

たとえば肉親が死んだとき、私たちは死んだことは頭では理解できている。しかし、どうしてもその死を受け入れられない気持もある。だから私たちは通夜をやったり、

葬式をやったり、墓に葬ったりする。

「頭で理解するのとは別に、腑に落ちるといいますか、実感として死んだということが分かるまで儀式をやっていきます。解剖実習には、そういう精神的な儀式のような面があるんです」

学生にとって解剖は、こうした生と死を実感するための儀式＝イニシエーション（通過儀礼）なのである。

まさにその通りだと思う。そしてそんな場面では、躁的防衛など発動されないのである。いや、無防備な状態で死と向き合うところにこそ意味がある。

可笑しくなる、という追悼

解剖学実習を体験したからといって、それですっかり悟り切った人間になれるわけではない。医師として働いていれば死とは少なからず遭遇するけれど、やはり精神の根本の部分では動揺する。慣れによって平静を装えるようにはなるものの、同時に悪趣味へすがったりもする。それが職業病のようにすら感じられることがある。

産婦人科医であったとき、富士山が大きく見える市立病院へ大学の医局から派遣された。病院にいる産婦人科医は、わたしともう一人の計二名である。お産だの緊急手術は昼夜を問わない。二人で交互に当直をしていた。もちろん昼も勤務する。激務というほどではなかったが、拘束時間が長いと閉口する。

個室に、五十歳くらいの女性Qが入院していた。卵巣癌があちこちに転移し、もはや打つ手がなかった。はっきり申せば、死への待機状態であった。苦痛を和らげるのがせいぜいである。

Qはもともと身体が不自由であった。車椅子を押してもらわなければ移動ができなかったし、手も上手く動かせない。事実上、寝たきりである。そして知能もやや遅滞していた。彼女は家族に見捨てられたも同然で、長い間施設暮らしであった。恵まれない境遇の駄目押しとして全身が癌に冒されてしまったのだから、運命というものもずいぶん意地が悪い。もっと救いがあってもいいだろうに。

施設では、介助を簡便にするためだろう、Qの髪は短く刈られていた。しかも彼女はほぼ寝たきりなので、その短い髪が逆立ち、パンクロッカーのように突き立っている。

昼間は、施設からいつも同じ女性Rが付き添い婦として来ていた。Qと同じくらいの歳で、明るく気さくな人だ。わたしはときおり病室を訪れて付き添いの彼女と世間話をするのが楽しかった。Qは喋るのもいささか不自由で、Rが通訳のようなことをしてくれた。嬉しいときには、Qは紙を丸めたように顔がくしゃくしゃになる。

ある日、部屋を訪問したとき、わたしは絶句して立ち尽くした。Qがサングラスを掛けてベッドに横たわっており、Rが椅子に座っている。そして二人とも笑顔でこちらを見ているのだ。Qのサングラスはレンズの色が濃く、しかも両サイドの幅が広くなっていて横からでも目を覆い隠している。早い話が、レイ・チャールズが掛けていそうなサングラスなのだ。それは狭い病室の中であまりにも場違いに映った。

わたしが驚いていると、Rが説明をしてくれる。

はっきりとは伝えていないが、Qは自分の死期が近づいているのを漠然と理解している。そのためなのだろうか、数日前、生きているうちにサングラスを一度掛けてみたいと告白したのだという。そこでRは息子（既婚、近所に住んでいる）に電話をして相談した。すると息子は何を思ったのかこんな「こわもて」のサングラスを調達してくれた。今、Qは生まれて初めての（そしておそらく最後の）サングラス姿にご満悦という次第なのだった。

それにしてもレイ・チャールズふうサングラスのQは、あまりにもシュールだ。でも彼女が喜んでいるのなら問題ない。ちゃんと手配をしてくれたRの親切さにも心を動かされる。わたしとしては、とりあえずQに向かって、

「おお、カッコイイねえ！」

と言うしかない。でも、いたたまれない気分で、できれば逃げ出したかった。髪はパンクでサングラス。そういえばわたしだってそれまでの人生でサングラスを着用したことはなかった。

二週間もしないでQは呆気なく亡くなってしまった。当方が双子のお産をしている最中に息を引き取った。霊安室でQの遺体と対面したが、そのときにはサングラスは掛けていなかった。そりゃそうだよなと思いつつ、わたしはサングラス姿で棺に横たわるQを想像し、すると急に可笑《おか》しくてたまらなくなった。もしも天国がハワイみたいなところだったとしたら、Qは決して場違いには見えまい。そう考えたら、余計に可笑しくなった。

今こうして思い返してみても、やはり可笑しい。

可笑しくなるのが、自分なりのQへの追悼《ついとう》だ。決して上から目線の笑いではないつもりである。

「悪趣味」なのだとしても

もうひとつエピソードを書いておく。

ある精神科病院に勤務していたとき、そこには合併症病棟が備えられていた。精神疾患を患った人だって身体の病気で入院を要することがあり、すると身体科の治療と精神科の治療を並行して行わなければならない。そこで精神科病院に合併症病棟を設け、外科や内科の医師と精神科の医師の双方で、チームを組んで治療に当たる。

そのような合併症病棟で働いていたとき、肝臓の病気で亡くなった男性がいた。六十くらいであっただろうか。精神科としての診断名は統合失調症である。入院してきたときはかなり肥満していたが、亡くなるときにはすっかり痩せ細って人相も変わっていた。ちょうど臨終の瞬間に、わたしは居合わせた。この人も身寄りがなく、ベッドの脇にいたのはわたし以外には内科のドクターと看護師ひとりだけであった。

人が息を引き取るときの様子については第1章でも触れたが、それなりにバラエティーがある。彼の場合、意識はほぼ失われていたが、最後に「あー」と溜息《ためいき》にも似た長い息を吐き出して亡くなった。その「あー」が、決して苦しげではなかった。ではどんな具合の息であったのか。

温泉に肩まで浸かって思わず口にした「あー（いい湯だなあ）」、それとそっくりに聞こえたのである。そしてわたしは、あの世というものがあったとしたら、もしかするとそれは温泉みたいなものかもしれないと想像した。死んだ者は皆、巨大な温泉に浸かっている。薄明の湯であり、死者は湯でのぼせたりはしない。永遠に、まさに極楽の湯で気持ちよく過ごすのである。したがって死の瞬間というのは、ちょうど浴槽を跨《また》ぎ越えて湯の中に入る瞬間となる。馬鹿げた想像だけれど、たった今亡くなった人があの世で温泉に浸かっていると思うと、自分としても気が楽になる。いずれ自分も極楽湯に入るのかと思うと嬉しくなってくるではないか。

このときには、可笑しいというよりはむしろ自然に笑みが浮かんでくる気分であった。他人に話せば不謹慎なことを考える奴だと言われそうだが、実際にそう考えたのだから仕方がない。これもまた、わたしなりの弔いの形である。

死と悪趣味とは、縁が深い。だが必ずしも悪趣味は否定されるべきだとは思っていない。それが率直な気持ちである。

おわりに

およそ半世紀ばかり昔、まだ医学生だった頃に、吊革につかまって中央線の車窓から外をぼんやり眺めていた。吉祥寺《きちじょうじ》と三鷹《みたか》の間だったろうか。当時はまだ畑が広がっていて、その向こうに立て看板があった。電車の乗客にアピールするための広告である。墓石の広告であった。墓石とはいうものの、石でできたものではない。陶器の墓石だというのだ。これならば軽くて丈夫で安価である、と。現在ならクラウド・ファンディングで売り出すのかもしれない。

なるほど新案の墓石ねえ。陶器なのだから、おそらく中空《ちゅうくう》なのだろう。竈《かまど》で焼く前に、〈ナントカ家の墓〉などと表面に篦《へら》で刻み込むに違いない。中空だとしたら、内部は真っ暗な闇で充たされている筈《はず》だ。その闇に、深海魚さながらヒトダマが燐光《りんこう》を放ちながらふわふわしている様子を想像して苦笑いをした。こんなものを購入する人がいるのだろうか。お寺の墓地に置くとしたら、住職が嫌な顔をしそうだ。公共墓地であっても、悪目立ちするのではないか。いまだにわたしは陶器の墓の実物を目にしたことがない。どうでもいい記憶だけれど、少しでも死が絡んだ思い出は心に残りやすい気がする。しかもそこにうっすらと滑稽さとか悪趣味とか、そういった要素が加わるとなおさら。

本書においてわたしは〈グロテスク〉〈呪詛《じゅそ》〉〈根源的な不快感〉の三つを念頭に置きつつ、六章にわたって死および死に向けられる好奇心について語ってきた。もしかするとそこには陶器の墓の宣伝を面白がるようなトーンが一貫して流れていたかもしれない。だがそれは不遜かつ不真面目な意図があったからではなく、冷静に振り返ってみればやはり躁的防衛に近いものが発動されていたからだろう。年齢的に死がじわじわと近付いていることもあって、このような本を書いてみずにはいられなかったのである。

さて先週、六年前に亡くなった猫の墓参りに行ってきた。深大寺《じんだいじ》の動物霊園である。あそこで葬式も火葬もしてもらった。標本のように見事に遺骨を並べて見せてくれた。

墓参りとはいうものの、あえて合同葬にしてもらったので動物供養塔（萬霊塔《ばんれいとう》）の周囲をうろうろして、あとは線香を上げるだけである。心の中で「やあ、元気にやってるかい」と声を掛ける。鳥獣戯画《ちょうじゅうぎが》の画面に入り込んで永久に遊び続けていると勝手に想像しているので、「みんなにも、よろしくね」と付け加えて墓参りは終了となる。動物霊園と人間の霊園が隣接しているのが、何となく平和で好ましい。蕎麦を食べて帰って来たが、ピクニック気分で楽しかった。

第1章で法医学オプトグラフィー——すなわち死者の網膜には「生前最後に見た映像」が残されているという珍説を紹介したが、それに関してぜひ触れておくべき映画作品があったのを忘れていたので、ここに書いておきたい。ダリオ・アルジェント監督のサイコ・サスペンス『4匹の蠅 4 mosche di velluto grigio』(一九七一)である。

ストーリーは冗漫で「ぐだぐだ」なのだけれども、警察が実際に法医学オプトグラフィーを行うシーンがある。しかも網膜に映っていた像(たしかにそれは犯人の特定に寄与したが、犯人の顔そのものが写っていたわけではない)は想像の斜め上をいく突飛なもので、その点については大いに楽しめた。

この本が出来上がるまでには、朝日新聞出版書籍編集部の大﨑俊明氏が伴走してくれた。また装丁には柳沼博雅氏に尽力をいただき、イラストにはヒグチユウコさんが素晴らしい作品を寄せて下さった。有難い気持ちでいっぱいです。そして、最後までお付き合いいただいた読者諸氏にも深く感謝させていただきます。

二〇二四年九月十四日　季節外れの暑い日に

春日武彦

春日武彦　かすが・たけひこ
1951年、京都府生まれ。日本医科大学卒業。医学博士。産婦人科医を経て精神科医に。都立精神保健福祉センター勤務後、都立松沢病院精神科部長、都立墨東病院神経科部長、多摩中央病院院長、成仁病院院長を歴任。成仁病院名誉院長。おもな著書に、『不幸になりたがる人たち』(文春新書)、『臨床の詩学』『はじめての精神科　第3版』(ともに医学書院)、『猫と偶然』(作品社)、『老いへの不安』『無意味なものと不気味なもの』(ともに中公文庫)、『鬱屈精神科医、占いにすがる』『奇想版　精神医学事典』『屋根裏に誰かいるんですよ。』(すべて河出文庫)、『恐怖の正体』(中公新書)、『自殺帳』(晶文社)など多数。甲殻類恐怖症である。

朝日新書
975

死《し》の瞬間《しゅんかん》

人はなぜ好奇心を抱くのか

2024年11月30日第1刷発行

著　者　春日武彦

発行者　宇都宮健太朗
カバーデザイン　アンスガー・フォルマー　田嶋佳子
印刷所　TOPPANクロレ株式会社
発行所　朝日新聞出版
〒104-8011　東京都中央区築地5-3-2
電話　03-5541-8832（編集）
　　　03-5540-7793（販売）

Published in Japan by Asahi Shimbun Publications Inc.
ISBN 978-4-02-295287-5
定価はカバーに表示してあります。

落丁・乱丁の場合は弊社業務部(電話03-5540-7800)へご連絡ください。
送料弊社負担にてお取り替えいたします。